Erläuterungen und Dokumente

Johann Nestroy
Der böse Geist Lumpazivagabundus
oder
Das liederliche Kleeblatt

W0245536

HERAUSGEGEBEN VON
JÜRGEN HEIN

PHILIPP RECLAM JUN. STUTTGART

»Der böse Geist Lumpazivagabundus« von Nestroy liegt
unter Nr. 3025 in Reclams Universal-Bibliothek vor. Die
Seiten- und Zeilenangaben in den Erläuterungen beziehen
sich auf diese Ausgabe.

Universal-Bibliothek Nr. 8148 [2]
Alle Rechte vorbehalten. © Philipp Reclam jun. Stuttgart 1979
Herstellung: Reclam Stuttgart. Printed in Germany 1979
ISBN 3-15-008148-3

Inhalt

Nestroy als Knieriem. Fotografie von Hermann Klee, 1861

I. Wort- und Sacherklärungen

Für die Erläuterungen wurden der Text des Erstdrucks (Johann Nestroy, »Der böse Geist Lumpazivagabundus oder Das liederliche Kleeblatt«, Wien 1835, Zweite verb. Aufl. 1838) und die Texte in den »Sämtlichen Werken« (Bd. 2, Wien 1924) und in den »Gesammelten Werken« (Bd. 1, Wien 1948) verglichen.

Auffällige Eigentümlichkeiten des bairisch-österreichischen Dialekts (z. B. vor/vur, wenig/weni, spät/spat, drehen/drahen, sind/san oder sein) werden nicht erläutert; vgl. hierzu Julius Jakob, »Wörterbuch des Wiener Dialektes. Mit einer kurzgefaßten Grammatik«, Wien/Leipzig 1929, Neuauflage 1969, und Fr. S. Hügel, »Der Wiener Dialekt. Lexikon der Wiener Volkssprache (Idioticon Viennense)«, Wien/Pest/Leipzig 1873, Nachdruck 1972.

Lumpazivagabundus: scherzhafte, latinisierende Wortbildung; der erste und der zweite Teil des Wortes bedeuten eigtl. dasselbe: Landstreicher, rastlos umherziehender Mensch.

liederliches: unordentliches, sittenloses, ausschweifendes.

Zauberposse: spätmhd. possen ›derber Streich, Unfug‹; ›Posse‹ aus ›Possenspiel‹ verkürzt, meist im Sinne von ›derbkomisches Bühnenspiel, Schwank‹ (18. Jh.). Die Zauberposse ist eine der Grundformen des Wiener Volkstheaters; ihre zweigeteilte Welt und der Bühnenzauber haben den Ursprung im Barocktheater. Vgl. Kap. IV,4.

Personen

3,2 *Stellaris:* (lat.) den Sternen zugehörig.

Feenkönig: Fee, frz. von lat. fata ›Schicksalsgöttin‹.

3,3 *Fortuna:* (lat.) Glücks- und Schicksalsgöttin.

3,4 *Brillantine:* (frz.) die Glänzende, auch Ableitung von Brillant (geschliffener Edelstein, Diamant); ferner auch ›Haarpomade‹.

3,5 *Amorosa:* (lat.) die Verliebte.

3,7 *Mystifax:* scherzhafte, latinisierende Wortbildung, etwa: Geheimnismacher.

3,8 *Hilaris:* (lat.) heiter, fröhlich.

3,9 *Fludribus:* scherzhafte, latinisierende Wortbildung, etwa:
der Flatterhafte (fludern: flattern, flatterhaft sein).
Magiers: lat. magus ›Zauberer, Wahrsager‹.

3,11 *Tischlergesell:* ›Geselle‹ Kollektivbildung, ahd. gisello,
eigtl. ›der Saalgenosse, Hausgenosse‹, dann ›Gefährte,
Freund‹, im Handwerk Gehilfe nach Abschluß der Lehr-
zeit.
vazierende: (lat.) freie, arbeitslose.

3,12 f. *Handwerksburschen:* ›Bursche‹ bezeichnete zunächst
Studenten, die in einem gemeinschaftlichen Wohn- und
Kosthaus lebten (mlat. bursa), dann Ausdehnung auf Ge-
meinschaften von Handwerkern usw. Weiter bezeichnet
›Bursche‹ jeden jungen Mann bzw. Handwerksgesellen.

3,13 *Knieriem:* Riemen, mit dem der Schuster den Schuh
beim Nähen auf seinem Knie festhält. Die drei Hauptfiguren tragen ›sprechende‹, für ihr Handwerk typische
Namen, was einer alten Tradition in der Komödie, bes.
im Wiener Volkstheater entspricht.

3,21 *Strudl . . . Nockerl:* Mehlspeisen.

4,3 *Bedienter:* dem lat. minister nachgebildet; der mit dem
Amt des Dienens und Bedienens Beauftragte.

4,9 *Signora Palpiti:* (ital.) etwa: Frau Herzklopfen; der
Name Palpiti nach einer Arie von Rossini, vgl. 49,5 und
Anm. zu 49,4–7.

4,15 *Nymphen:* griech. Naturgottheiten.
Genien: lat. Schutzgeister.

4,17 *Zünfte:* Vereinigung der Handwerker zur gegenseitigen
Hilfe vom Mittelalter bis ins 19. Jh.; von ›ziemen‹, sich
zusammenfügen.

Erster Akt. Erste Szene

5,8 *Chor:* Übernahme aus dem Formenschatz des Singspiels;
der Chor hat einleitende, charakterisierende, stimmung-
erzeugende, akzentuierende und (an Akt- bzw. Stück-
schluß) abschließende, resümierende Funktion.

5,9 *Mores:* (lat.) Sitten; Mores lehren: jemandem energisch
die Meinung sagen.

5,10 *Bursche:* alter Plural (Sing. Bursch).

6,3 *Versenkung:* versenk- und hebbarer Teil des Bühnen-
bodens, dient dem Bühnenzauber.

Zweite Szene

6,12 *Protektor:* (lat.) Beschützer, Schirmherr.

6,13 *aus 'n F:* Die sehr weit verbreitete Redensart ›aus dem Effeff verstehen‹ ist ihrer Herkunft nach nicht eindeutig geklärt. In der Kaufmannssprache ist f Gütebezeichnung für ›fein‹, ff für ›sehr fein‹, in der Musikterminologie f für ›forte‹, ff für ›fortissimo‹, die Juristen zitierten seit dem 16. Jh. die Pandekten (Rechtssammlung im Corpus juris civilis) mit ff, aus diesem ff schöpfte der Jurist sein Wissen.

6,22 f. *Eu'r Herrlichkeit:* Anrede für vornehme Personen.

7,3 *verjuxen:* verjubeln, von lat. iocus ›Scherz, Spaß‹.

7,11 *einsperren:* In Österreich gab es bis 1868 den ›Schuldenarrest‹: der Gläubiger mußte für den Unterhalt des zahlungsunfähigen Schuldners aufkommen.

7,20 *verpraßt:* mittelniederdt. prassen ›verschwenden‹.

7,27 *Füllhörnern:* mit Blumen und Früchten gefüllte Hörner, Sinnbild des Reichtums und Überflusses.

7,30 *vergeudet:* mhd. giuden ›prahlen, verschwenderisch leben, sinnlos vertun‹.

8,9 *Inkurabelste:* (lat.) Unheilbarste.

8,21 *abwendig:* abspenstig, abgeneigt.

8,30 *lichten:* hellen.

8,33 *fidelsten:* lat. fidelis ›treu, lustig‹, aus der Studentensprache.

8,34 *Madame:* (frz.) Anrede für eine verheiratete Frau (›meine Dame‹) im Sinne von ›gnädige Frau‹.

Dritte Szene

9,16 *Unhold:* bösartiger, grausamer Mensch.

10,20 *Akkorde:* harmonischer Zusammenklang von mehreren Tönen verschiedener Höhe.

10,36 *Dekoration:* Bühnenbild; vgl. auch 11,1 *Verwandlung.*

Vierte Szene

11,3 *Meilenzeiger:* Wegweiser mit Angabe der Entfernung.

11,6 *Felleisen:* Ranzen, Reisesack der wandernden Handwerksburschen, von mlat. valisia ›Satteltasche‹.

11,18 *Politur:* frz. poli ›geglättet‹, in übertragener Bedeu-

tung auch ›gebildet, höflich‹ (vgl. frz. politesse ›Bildung,
Höflichkeit‹); hier Wortspiel des Tischlers aus seinem
Handwerk. Auch Valentin in Ferdinand Raimunds Zau-
bermärchen »Der Verschwender« (1834) benutzt das Wort-
spiel in seinem Auftrittslied (I,6):
Viertens kann ich schreiben, lesen,
Hab vom Rechnen eine Spur,
Bin ein Tischlergsell gewesen –
Und ein Mann von Politur.

11,19 *Socius:* (lat.) Freund, Gefährte, hier in der nicht ge-
klärten, im Vormärz aber allgem. üblichen Bedeutung
›Grobian‹.

11,20 *Herberg':* Wirtshaus, in dem man übernachten kann
(von ›Herr‹ und ›bergen‹).

11,22 *Ritornell:* wiederkehrendes Vor-, Zwischen- und
Nachspiel bei Liedern durch die instrumentale Begleitung.

11,23 *Ränzchen:* Ranzen: (niederdt.) Reisesack.

11,26 *Guld'n:* alte Münze, urspr. aus Gold, später mit immer mehr Silber vermischt.
Verhau'n: verhauen: vergeuden, verlottern.

11,27 *Fechten:* hier: Betteln der wandernden Handwerksburschen.

11,29 *Maß:* die Maß: (im Gegensatz zu ›das Maß‹) altes
Flüssigkeitsmaß, 1–2 l (oberdt.).

12,2 *abgeschaben:* unansehnlich, schäbig.

12,3 *den Wanderbündel:* Bündel, hier oberdt. maskuline
Nebenform, ›etwas Zusammengebundenes, Gepäck‹.

12,12 *Blauer Montag:* Die Sitte des freien ›blauen‹ Montags
ist seit dem Mittelalter aus dem 14. Jh. belegt. Der Ursprung der Redensart ist unsicher.

12,15 *heunt:* heute (nacht).

12,18 *Gas:* Geiß, in übertragener Bedeutung auch auf ma-
gere Menschen und Schneider angewendet (vgl. Grimm,
»Deutsches Wörterbuch«). Vgl. auch Anm. zu 46,5.

12,20 *Maner:* Männer.

12,23 *ös:* ihr, urspr. alter bairischer Dual ›ihr zwei‹.

12,29 *Millionshaarbeutel:* Haarbeutel: Rausch, Betrunken-
heit.

12,30 *Kometen:* Anspielung auf damalige Prophezeiungen
des Weltuntergangs, der durch Kometen droht. 1811 wurde ein großer Komet beobachtet; Iffland schrieb die auch

in Wien viel gespielte Posse »Der Komet«. Nach Bruno Hannemann (»Johann Nestroy. Nihilistisches Welttheater und verflixter Kerl«, Bonn 1977, S. 34) entdeckte ein österr. Offizier einen Kometen, der 1832 die Erde treffen sollte; man erwartete eine Weltkatastrophe. Tatsächlich gingen im November 1832 Kometensplitter auf Nordamerika nieder. Noch 1842, anläßlich der totalen Sonnenfinsternis, erinnert ein zeitgenössisches Aquarell von Johann Christian Schoeller an den Kometen; es zeigt im Vordergrund Nestroy in der Rolle des Knieriem (vgl. Heinrich Schwarz, »Johann Nestroy im Bild«, Wien/München 1977, S. 66). Otto Rommel weist unter Berufung auf zeitgenössische Quellen auf Nestroys astronomische Interessen hin, die die Konzeption der Knieriem-Rolle mitbeeinflußt haben können (vgl. SW XV,210).

12,32 *Teuxel*: Teufel.

12,33 *Trümmerl:* Diminutiv von ›Trumm‹, kleines Stück.

12,34 *Stationen:* (lat.) Aufenthalt, Rast.

12,36 *schneid'st auf:* gibst an, prahlst.

13,6 f. *parodierend:* (griech.) nachahmend.

13,11 *dudl' . . . an:* andudeln: vollsaufen.

13,24 *spekulieren:* (lat.) grübeln, überlegen.

Fünfte Szene

14,5 *Professionen:* (frz.) Berufe, Gewerbe.

14,9 *Vivat!:* (lat.) er lebe!

Bestgeber: der Gastgeber, der seinen Gästen etwas zum besten gibt.

14,16 *Herr Vater:* hier: Herbergsvater, der Hausvater, der der Herberge vorsteht.

Halbe G'mischts: ein halbes Maß (verdünntes) Bier.

14,18 *Nierndln:* Nieren.

14,19 *schaffen:* bestellen, wünschen.

14,20 *Sägschaten:* Sägespäne.

14,24 *saubern:* hier: hübschen.

14,28 *Tour:* Figur beim Rundtanz, auch: eine Runde.

14,29 *Fräulein:* von mhd. vrouwelîn ›vornehmes, edles Mädchen‹; Standestitel für die Töchter des Adels, im 18. Jh. dann auch auf Bürgerstöchter ausgedehnt. Vgl. auch Gretchen in »Faust« I, nachdem Faust sie mit dem

Titel ›Fräulein‹ anredet: »Bin weder Fräulein, weder
schön . . .«

Ländler: Tanz im ³/₄-Takt, Vorform des Walzers.

14,30 *haut auf:* aufhauen: übermütig sein, tanzen; auch: sich
prahlerisch gebärden.

14,30 f. *Fußtriller:* schlagende Tanzschritte (ital. trillo); vgl.
Kap. II,1: Textausschnitte der epischen Vorlage.

15,14 *Sack:* Tasche.

Taler: verkürzt aus ›Joachimsthaler‹, seit 1517 Münze aus
dem in St. Joachimsthal in Böhmen geförderten Silber. Ein
Taler galt soviel wie 1¹/₂ Gulden.

15,15 *traktier':* traktieren: österr. für ›bewirten‹.

15,29 *Ziment:* Maßgefäß aus Zinn oder Blech.

15,36 *Treffer:* Gewinn in der Lotterie.

16,4 *Astronomie:* (griech.) Wissenschaft von den Himmels-
körpern.

Büchel: Diminutiv, wohl ironisch auf die populärwissen-
schaftliche Literatur gemünzt.

16,10 *in caritatibus:* (lat.) in Liebe, Hochschätzung.

16,12 *superbes:* (lat.) österr. für ›vorzügliches, prächtiges‹.

16,20 *Eduard und Kunigunde:* Es handelt sich um das in
»Musenklänge aus Deutschlands Leierkasten« (1849, neu
hrsg. von Walter Widmer, Köln/Berlin 1965, S. 132–142)
überlieferte Lied mit dem vollständigen Titel »Höchst
wahrhaftige anfangs zuckersüße am Ende aber tragisch-
scheußliche Geschichte zweier Liebenden Eduard und
Kunigunde geheißen; wie sich solche in der aschgrauen
Vorzeit, als die Leute alle noch dummb waren, begeben:
unseren absonderlich erleuchteten Zeiten zur Warnigung
und Ergötzung fürgestellet und mit Bildern verzieret durch
Jodocus Buchsbaumerl«. Die Geschichte besteht aus zehn
Bildern, auf die monoton immer derselbe Refrain gesungen wird.

17,1 *Punsch:* (engl.) heißes Getränk aus Rum oder Arrak mit
Wasser, Tee oder Wein.

17,2 *Aufg'rebellt:* Lärm gemacht, hier: Aufgespielt!

Sechste Szene

17,25 *Passion:* (lat.) Leidenschaft.

17,27 *Ahnl:* Urgroßmutter.

17,28 *Numero:* Nummer des Lotterieloses.

17,30 *Kapitalist:* reicher Mann, der von den Zinsen seines Kapitals leben kann.

18,4 *rarer:* ironisch: seltener, braver.

18,24 *Amouren:* (frz.) Liebschaften.

18,25 *bataillonweis':* Bataillon: Teil eines Regiments, Truppenabteilung.

18,34 *Bussel:* oberdt. Diminutiv, ›Küßchen‹.

19,3 *Pfänder g'spielt:* Wenn man beim Pfänderspiel einen Fehler macht, muß man einen Gegenstand als Pfand geben, den man nur zurückbekommt, wenn man eine Forderung erfüllt (z. B. Kuß geben).

19,8 *Watschen:* Ohrfeige, von mhd. orewetzlin (zu: wetzen ›reibend verletzen‹).

19,14 *G'schwisterkind:* Kind eines Geschwisters: Neffe oder Nichte.

19,24 *Budweis:* Stadt in Südböhmen, an der Moldau.

19,27 *Altbrünn:* Vorstadt von Brünn, der damaligen Hauptstadt von Mähren.

20,20 *enderisch:* gruselig, unheimlich.

20,22 *Laschi:* Geld, viell. von frz. l'argent.

20,24 *Knöpf':* hier ›Geld‹.

20,26 *Batzen:* alte dt. Münze, dann für ›Haufen (Geld)‹. Die Umschreibungen für Geld sind in einer anderen Fassung des Stücks noch um einige erweitert:

Knieriem. Hat s' Laschi?

Leim. Was?

Zwirn. Zwirn?

Leim. Wie?

Knieriem. Knöpf?

Zwirn. Staner?

Leim. Ich versteh' eng net.

Zwirn. Ob sie Span hat?

Leim. Ah! Du meinst Geld? Freilich, sie ist [...]

(SW II,631 f.)

20,34 *logiert:* (frz.) wohnt.

21,13 *Hobelschaten:* Hobelspäne.

21,18 *Schale:* österr. für (flache) Tasse.

21,21 *gähzornigste:* jähzornigste.

Patron: (lat.) Herr (der Untergebenen).

Stemmeisen: zweiseitig zugespitztes Stechwerkzeug des Tischlers.

21,23 *zolltief:* Zoll: altes Längenmaß, ungefähr 2,5 cm.

21,24 *Spektakel:* (lat.) eigtl. ›Schauspiel‹, aufregende Szene.

21,33 *bis:* österr. lang ausgesprochen, bedeutet urspr. ›sobald als‹.

22,15 f. *flankier' ... herum:* (frz.) hier ›umherziehen‹ (im abwertenden Sinne).

22,22 *Gusto:* (ital.) österr. für ›Geschmack, Appetit, Verlangen‹.

22,24 *duslich:* schläfrig.

23,2 *kurioser:* (lat.) seltsamer, wunderlicher.

Siebente Szene

23,28 *Kölnerwasser:* Eau de Cologne, Kölnisch Wasser.

Achte Szene

24,30 *Anhängetrüherl:* Umhängekästchen, Bauchladen; Verkleinerungsform von ›Truhe‹.

25,19 *wurden ausg'richt't:* würden verleumdet, angezeigt.

25,21 *Brustfleck:* Brustlatz, -tuch, auch Schurzfell beim Schuster; Fleck: kleines Stück Stoff.

26,4 *eh'nder:* vormals, ehmals.

26,9 *fuchtig:* zornig.

26,31 *Schaffen:* hier: kaufen.

Neunte Szene

27,3 *wie:* wenn.

27,19 *Faxen:* Grimassen.

27,21 *Bremsler:* innerlicher Ruck, nervöse Zuckung.

Zehnte Szene

27,24 *rabiat:* (lat.) sehr wütend.

28,20 *Spital:* (lat.) veraltet für ›Krankenhaus‹, in Österreich heute noch gebräuchlich.

28,24 *Don Juan:* auch auf dem Wiener Volkstheater beliebte literarische Gestalt des Frauenverführers (auch Sinnbild ungestillter sinnlicher Leidenschaft); seit 1630 auf dem span. Theater bekannt. Der Stoff wurde u. a. von Mo-

Ich mach mir jetzt nur aus der Astronomie!

*Nestroy als Knieriem. Kopie einer aquarellierten Bleistift-
zeichnung von Johann Matthias Ranftl, 1838*

lière, Goldoni, Grabbe und Frisch gestaltet. Für das Wiener Volkstheater ist vor allem Mozarts »Don Giovanni« (1787) einflußreich geworden.

28,28 *heuer:* in diesem Jahr.

28,33 *aparte:* eigenartige, ungewöhnliche.

29,13 *detto:* österr. für ital. dito ›das Vorgenannte‹, gleichfalls, ebenso.

29,18 *Euer Gnaden:* Anrede für sehr hochstehende Personen.

29,19 *Tafel:* festliche Mahlzeit an der Speisetafel.

29,20 *Exzellenz:* (lat.) Vortrefflichkeit, Erhabenheit.

29,21 *bal paré:* (frz.) geschmückter, festlicher Ball.

29,22 *Durchlaucht:* Titel für Fürsten, von mhd. durchliuhten ›durchstrahlen‹, Lehnübersetzung von lat. perillustris ›sehr angesehen‹.

29,23 *arrangieren:* (frz.) anordnen, vorbereiten.

29,24 *alle Stund':* jederzeit, sofort.

Zweiter Akt

30,2 f. *stellt ... vor:* stellt dar.

Erste Szene

30,9 *im schwäbischen Dialekt:* Seit der Frühzeit des Wiener Volkstheaters unter Kurz-Bernardon, Schikaneder und Kringsteiner wurden die nationalen und sprachlichen Besonderheiten der vielen in Wien ansässigen Volksstämme verwertet.

Zweite Szene

30,17 *etabliere:* (frz.) etablieren ›sich (als Geschäftsmann) niederlassen, ein Geschäft eröffnen‹.

30,22 *profitieret:* (frz.) Gewinn erzielte, verdiente.

30,24 *ich bin nicht pressiert:* (frz.) ich habe keine Eile.

31,5 *Weidling:* große Schüssel, großes Gefäß.

Dritte Szene

31,13 *Kuchel:* Küche.

31,20 *Kastenb'schläg':* Schrankbeschläge.

Spucktrüherl: Spucknapf (-kasten) aus Holz.

31,22 *Stockfisch:* ›gedörrter Kabeljau oder Dorsch‹, im 15. Jh. mit dem hansischen Handel als Fastenspeise aus mnd. stokvist (auf Stöcken getrocknet), seit dem 16. Jh. Scheltwort für einen unempfindlichen, wenig gesprächigen Menschen.

31,28 *hanne:* (schwäb.) haben; viele Figuren auf dem Wiener Volkstheater sprechen schwäbischen Dialekt.

31,31 f. *Kopulation:* (lat.) Trauung.

32,1 *Mamsell:* Fräulein, verkürzt aus frz. Mademoiselle.

Sechste Szene

33,6 *aufg'steckt:* aufstecken: erzielen, erreichen.

Siebente Szene

33,31 *abg'fahren:* abfahren: plötzlich (heimlich) weggehen (-fahren).

33,32 *foppt mich:* hält mich zum Narren (Rotwelsch).

34,8 *abfischen:* wegnehmen.

34,11 f. *traktieren:* hier: schlecht behandeln, quälen.

34,20 *Kranzeljungfer:* Brautjungfer, vgl. 32,16 f.

35,15 *Hasenfuß:* ängstlicher, feiger Mensch.

35,23 *Dukaten:* urspr. in Venedig geprägte Goldmünzen, die ihren Namen nach der Umschrift »Sit tibi Christe datus quem tu regis iste ducatus« (Dir, Christus, sei dieses Herzogtum gegeben, welches du regierst) bekamen. Sie hatten einen Wert von drei Talern.

35,24 *Interessen:* (lat.) veraltet für ›Zinsen‹.

36,3 *Was Tausend!:* als Ausruf des Erstaunens; *Tausend* wohl verhüllend für ›Teufel‹.

36,6 *ein Mandel mit Kren:* ein Mann von Ansehen, d. h. mit Geld; *Kren:* Meerrettich.

36,17 *Bagage:* (frz.) Gepäck.

Achte Szene

36,26 f. *Palmenschlafrock:* Schlafrock aus einem Stoff mit Palmenmuster.

Neunte Szene

37,18 *Konto:* (ital.) Rechnung.
37,32 *Kopiatur:* (mlat.) Abschreibbüro.
  Kanzleipersonale: Kanzlei: Büro, Schreibstube.
38,3 *Kassier:* oberdt. für ›Kassierer‹.
38,8 *Filou:* (frz.) Spitzbube, Gauner.

Zehnte Szene

38,19 *Physiognomie:* (griech.) äußere Erscheinung des Menschen, bes. seine Gesichtszüge.
  Apparat: hier: Malgerät, -ausrüstung.
38,22 *dalken:* ungeschickt behandeln, stümpern.
38,24 *Dalk:* Narr, ungeschickter Mensch; Wortspiel mit
  dalken.
38,27 *Hochdero:* vornehme Anrede in der 3. Pers. wie auch
  38,27 *Dieselben.*

Elfte Szene

39,9 *Ale Gagramente:* verballhorntes Tschechisch ›Aber Sa-
  krament‹.
39,11 *Ihne paladatschete G'fries:* Ihr albernes Gesicht.
39,28 *Miniaturg'sichtl:* Miniatur: (ital.) kleines Bild.
39,33 *alteriert:* (frz.) aufgeregt, verärgert.

Zwölfte Szene

40,5 *Satisfaktion:* (lat.) Genugtuung.

Dreizehnte Szene

40,19 *Magazin:* (ital.) Lager(-haus).
40,23 *Bin ... nicht bei Kassa:* Habe kein Geld; *Kassa:*
  österr. für ›Kasse‹.
40,30 *Kreuzer:* Kupfermünze, die nach dem aufgeprägten
  Doppelkreuz benannt wurde.
41,8 *Particulier:* (frz.) Privatmann, der von seinem Vermögen lebt, ähnlich wie 17,30 *Kapitalist.*
41,22 *Kasimir:* leichter Wollstoff.
41,29 *Schlepp:* Schleppe.
41,32 f. *pomeranzengelb:* Pomeranze: bittere Orangenart.

Vierzehnte Szene

42,13 *G'spaß:* Spaß.
42,14 *Negligé:* (frz.) Morgenrock, ›noch nicht fertig angezogen‹.

Fünfzehnte Szene

42,24 *ignoble:* (frz.) unedle, niedrige.
43,4 *Connaissance:* (frz.) Bekanntschaft.
43,9 *Anwert:* (österr.) Geltung, Wertschätzung.
43,12 *wällische:* italienische, von: welsch ›romanisch‹.
43,14 *Burkersdorferin:* Purkersdorf, kleiner Ort 12 km westl. von Wien.

Sechzehnte Szene

43,21 *Journal:* hier: Mode-Zeitschrift.
43,22 *karikiert:* übertrieben, komisch verzerrt.
43,26 *Mopperl:* Möpschen, kleine Hunderasse, oft als Schoßhund verwendet.
43,31 *geloffen:* gelaufen.
43,32 *anschlagen:* Suchanzeige anbringen.
44,10 *Jetzt kocht's:* Jetzt wird es gefährlich, wie bei Kindersuchspielen ›heiß‹.
44,18 *Cane perduto:* Hund verloren, weggegangen.
   non avete veduto: habt ihr nicht gesehen.
44,19 f. *ein Mandel oder ein Weibel?:* ein Männchen oder ein Weibchen?
44,22 *Questo Mopperl – un Signore:* dieser Mopperl – ein Herr, Mann.
44,25 f. *Carattere – calfacteristico:* Charakter – schelmisch, spitzbübisch, auch Bezeichnung für treulose Hunde.
44,29 *Tre cento anni vecchio:* Dreihundert Jahre alt.
44,32 *Portate un nero cravattel:* Trägt ein schwarzes Band (eigtl. Halsbinde, Halstuch).
44,35 *orecchi:* Ohren.
45,4 *Zani kani:* Zähne keine, ital. klingendes Wienerisch.
45,6 *Piccolo:* klein.
   quattro: vier.
45,7 *Recompenza:* Belohnung.
   Zechini: Zechinen (alte venezian. Goldmünzen).
   buona moneta: gute Münze (Geld).

Siebzehnte Szene

46,5 *Gasbeleuchtung:* Wortspiel mit Gas und Gas/Geiß (Spottname für Schneider). 1831 erhielt das Theater an der Wien Gasbeleuchtung.

46,26 *Schnecken:* Schneck, oberdt. Kosewort für hübsches Mädchen.

46,27 *Quodlibet:* (lat.) ›was beliebt‹, Zusammenstellung beliebter Musikstücke, Potpourri. Das Quodlibet, von Nestroy in den Komödien oft verwendet, dient der Opernparodie, ermöglicht musikalisch-mimisches Geschehen und bietet einen Ruhe- und Sammelpunkt in der Handlung. In ihm präsentiert sich die Komödienhandlung für eine kurze Szene mit Arien, Duetten und Chorgesang im tableauartigen Opernstil, zugleich wendet es sich an das Publikum, das aufgerufen ist, die Szene zu entschlüsseln, hinter der Komödienszene die parodierten Opernszenen zu entdecken. Auch macht das Quodlibet das Volkstheater-Publikum mit den neuesten Opernmelodien des Hoftheaters bekannt.
Terzett: (ital.) dreistimmiges Gesangsstück.

47,2–5 *Ich möcht' . . . Liebe nach:* Volkslied.

47,10–16 *O fließt . . . Tod allein:* aus Gioacchino Rossinis Oper »La donna del lago« (Die Frau vom See, 1819).

47,17–21 *Welch ein Reiz . . . der Liebe Glut:* aus Ferdinand Hérolds Oper »Zampa« (1831); von Nestroy wurde diese Oper unter dem Titel »Zampa, der Tagdieb oder Die Braut aus Gips« (1833) parodiert.

47,22–25 *Wo die Donau . . . mit dir:* Volkslied.

47,23 *plauscht:* plauschen: plaudern, schwätzen, lügen.

47,27–30 *Wenn mir . . . gefühlte Glut:* aus Peter von Winters Oper »Das unterbrochene Opferfest« (1796).

48,3–13 *Dort hinten . . . seinen Hahn:* Volkslied (viell. geringfügig ›zersungen‹ bzw. parodiert).

48,6 *G'stetten:* Gestade, Uferdamm; Platz.

48,7 *Metten:* hier: laute Unterhaltung.

48,11 *Strauchen:* Schnupfen.

48,12 *desparat:* lat. desperat, verzweifelt.

48,14–17 *Willst du . . . dem Grab:* aus Vincenzo Bellinis Oper »Romeo und Julia« (1830).

48,19–21 *Nun, Schwester . . . zu schön:* aus François Aubers Oper »Maurer und Schlosser« (1825).

48,26 f. *In diesen ... Rache nicht:* aus Wolfgang Amadeus
Mozarts Oper »Die Zauberflöte« (1791).

48,29 *wilde:* hier: schlimme.

48,30 f. *O caro ... son io:* (ital.) O Lieber, mein Lieber, mit
dir bin ich glücklich; Oper nicht feststellbar.

48,32–49,1 *Nehmt's mir's ... so dumm:* aus Adolf Müllers
Zauberposse »Der Zaubermund« (Text von Franz Xaver
Told; 1832).

49,4–7 *Cara ... non sò:* aus Rossinis Oper »Armida« (1817).
Frei übersetzt etwa: Teure, nimm dich meiner an, erwarte
mich. Wie zärtlich, süß mein Herz für dich klopft. Ich
weiß nicht, wie soll ich es ausdrücken, ich weiß nicht ...

49,8 f. *Es ist ... zu sein:* aus Louis Angelys Singspiel »Das
Fest der Handwerker« (Musik von L. W. Reuling; 1832).

49,20 f. *Lasset ... wenden:* aus Bellinis »Romeo und Julia«.

49,27 *Grammelsterz:* steirisches Nationalgericht aus Mehl,
Grieß oder Mais und Fettgrieben.

49,29–50,16 *Ja, es wird ... eine sein:* aus Rossinis Oper
»Der Barbier von Sevilla« (1816).
Bei allen hier aufgeführten Stellen (nach 46,27) handelt
es sich überwiegend um Musik-, nicht um Textzitate. Die
parodistische Funktion des Quodlibets ergibt sich aus dem
Zusammenspiel von Musik, Text und Mimik. Nur in einzelnen Fällen sind auch Textparodien erkennbar. Die
übrigen Texte, soweit sie nicht den Originalen selbst ent-
stammen, sind eher Kontrafakturen, die erst durch die
Musik und die Interpretation der Schauspieler zu Parodien werden können, aber nicht immer müssen. Oft kommt
es auf den raschen Wechsel von gefühlvollen, rustikalen
oder auch pathetischen Stellen an, vgl. z. B. auch das
Quodlibet in Nestroys »Talisman« III,11.

Dritter Akt

51,2 *nobles:* hier: elegantes.

51,4 *praktikablen:* zweckmäßigen, benutzbaren. Meint hier
wirklich benutzbare Fenster, keine bloß gemalten Kulis-
senfenster.

Zweite Szene

52,1 f. *Zwirn aus'gangen:* Geld ausgegangen; vgl. Anm. zu
20,26.

52,14 *Fixstern:* sehr weit entfernte, selbst leuchtende Himmelskörper, die nur scheinbar am gleichen Ort fest stehen.

Dritte Szene

52,20 *Boutique:* (frz.) kleines Geschäft.
52,30 *Kapitalien:* Vermögen an Bargeld und Wertpapieren.
52,33 *Arrest:* (lat.) leichte Freiheitsstrafe.
53,10 *betteltutti:* verballhorntes Italienisch; perdutto: zugrunde gegangen, arm.
53,13 *allegro:* (ital.) schnell, lebhaft, munter.

Vierte Szene

53,29 f. *zelebriert:* (lat.) gefeiert.
54,11 *ist der Brief da kommen:* Die Brief-Szene gehört zu den beliebtesten Extemporierszenen. In immer neuen Variationen kann sie durch Stegreifspiel erweitert oder auch ›zerspielt‹ werden; vgl. den Abdruck einer solchen Szene in SW II,645–651.
56,34 *repetiert:* (lat.) wiederholt.
57,24 *Erdäpfel:* Kartoffeln.

Fünfte Szene

58,17 *Führ' sie uns auf:* Stell sie uns vor.

Sechste Szene

58,28 *Goscherl:* Mündchen.
59,1 *aparte:* (frz.) beiseite, hier: unter vier Augen.

Siebente Szene

59,17 *Rosoglio:* sehr süßer ital. Likör.
59,20 *Rosoli:* vgl. Anm. zu 59,17.
59,21 *Stutzen:* henkelloses, zylindrisches Glas.
60,8 *Hautgout:* (frz.) starker, strenger Geschmack; hier wohl positiv gemeint.
60,20 *G'werb':* Gewerbe, Betrieb, Geschäft.
60,29 *Räson:* (frz.) Vernunft, Einsicht.

Achte Szene

61,4–10 *Das Astralfeuer ... zusammenstoßen:* Der Monolog parodiert die Gelehrtensprache.

61,17 *Lied:* hier in der Form des Couplets, eines komisch-satirischen Liedes, dessen parallel gebaute Strophen (Couplet = Reimpaar) stets mit dem gleichen Refrain schließen. Zur ›Posse mit Gesang‹ gehören in der Regel zwei bis drei Couplets, oft als Standes- oder Metier-Couplet, in denen die Figuren über Parallelen zwischen Leben und Stand, Metier usw. reflektieren und zu einem pointierten ›Schluß‹ kommen.

61,19–22 *Es ist kein' Ordnung ... kein Paß:* Rommel zitiert SW II,674 ein frühes Vorkommen dieses Motivs bei Franz Xaver Gewey in den »Briefen des neu angekommenen Eipeldauers« (1817):
Es treibt in dem zahllosen Sternengewimmel
Komet und Planet nur sein Spiel,
's is gar ka Polizei mehr in'n Himmel,
Es thuat a jeder nur g'rad, was er will.
Vgl. auch Kap. II,3.

61,24 *Butz und Stingel:* Kerngehäuse (z. B. des Apfels) und Stengel, d. h. ›vollständig‹.

61,28 *G'wölb:* Laden, Geschäft.

61,31 *Krida:* (mlat.) Zahlungsunfähigkeit, Konkurs.

62,2 *Capriz:* (frz.) Laune, Launenhaftigkeit.

62,3 *Hundstag':* die im alten Ägypten vom Sternbild des großen Hundes beherrschte heißeste Zeit des Jahres vom 23. Juli bis 23. August.

62,7 *Milliweiber:* Milchfrauen, -händlerinnen.

62,11 *g'scheckten Wickler:* scheckigen, gefleckten Schal.

62,12 *Harlekin:* Hauptfigur der ital. Commedia dell'arte, Träger der komischen Handlung, berühmt wegen seiner Pfiffigkeit.
Spitzbub': Schelm, Gauner (spitz: schlau).

62,13 *à jour-Strümpf':* durchsichtige Strümpfe (Häkelarbeit).

62,14 *Haub'n:* Mützen.

62,14 f. *tull anglais:* Angelaises sind Hängelocken; hier viell.: Locken aus Tüll, einem sehr leichten Gewebe.

62,25 *Tubus:* Fernrohr.
Fleck': Masern, Fleckfieber.

62,29 *Pfennig-Magazin:* erste dt. illustrierte Zeitung, 1833

nach engl. Vorbild in Leipzig gegründet; erschien wöchent-
lich in einer Auflage von 60 000 Exemplaren.

62,31 *parier':* hier: wette, halte entgegen.

62,32 *Pränumeranten:* (lat.) Vorausbesteller, -bezahler.

63,6 *Venus:* ein Planet, zugleich röm. Liebesgöttin.

63,11 f. *drent ... drüb'n:* hier ... dort.

63,13–17 *Ihre Güte ... nicht mehr lang:* auf dem Wiener
Volkstheater beliebte Anrede an das Publikum. Vgl. dazu
Reinhard Urbach, »Die Wiener Komödie und ihr Publi-
kum«, Wien/München 1973.

Neunte Szene

64,9 *an'geign't:* mit der Geige aufgespielt.

64,10 *aufg'haut:* jetzt wird getanzt, vgl. Anm. zu 14,30.

64,16 *Obers:* Sahne.
paschen wir ab: laufen wir davon, gehen wir durch.

64,21 *Grille:* Laune, wunderlicher Einfall; von lat. grillus,
›Heuschrecke‹, auf Aberglauben von Krankheitsdämonen
in Insekten-Gestalt übertragen.

64,23 f. *Vokativus:* hier: Schlaukopf.

Zehnte Szene

65,3 *Folio:* von lat. folio ›halbes Druckbogenformat‹; hier
viell. ›Lump von Format‹.

Elfte Szene

66,8 *aufg'laden:* hier getrunken.

Zwölfte Szene

67,3 f. *ich war schon eingesperrt:* Zu dieser Stelle erzählt
Nestroys Kollege Friedrich Kaiser in seinen nicht immer
glaubwürdigen Erinnerungen von einem Extemporé Nestroys, das ihm eine dreitägige Arreststrafe eintrug: »Der
ganze Vorgang hatte hier ungemeines Aufsehen erregt,
und man sah dem ersten Wiederauftreten Nestroy's mit
Spannung entgegen, weil man irgend eine witzige Anspielung auf das Geschehene zu hören hoffte. Allein Nestroy

erhielt von Seite der Behörde ein strenges Verbot irgend
ein Extempore – d. h. ein nicht in seiner Rolle stehendes
Wort – vorzubringen; er wählte deshalb sein Stück ›Lumpazivagabundus‹, um sich in der Rolle des Schusters Knieriem wieder zu zeigen, und in der Scene, in welcher sein
Freund, der Tischler, ihn im Zimmer einschließt, damit er
nicht in die Schänke gehen könne, sprach er die allerdings
in der Rolle enthaltenen Worte: ›Er will mich einsperren?
– oh! ich war schon eingesperrt!‹ mit so besonderem Nachdrucke, daß das Publikum die Beziehung rasch erfaßte,
und in demonstrativen Beifall ausbrach« (Kaiser, »Unter
fünfzehn Theaterdirektoren«, Wien 1870, S. 40 f.).

Vierzehnte Szene

68,11 *Oh, ich küss' 's Kleid:* unterwürfige Form der Dank-
bar- und Höflichkeitsbezeigung.

Fünfzehnte Szene

68,25 *G'meinhaus:* Gemeindehaus.

Sechzehnte Szene

69,10 *Ornat:* (lat.) feierliche (Amts-)Tracht.
69,17 *Troß:* mhd. trosse ›Heeresgepäck‹; Gefolge, Anhänger.
69,20 *Furien:* Rachegöttinnen der griech. Mythologie.

Siebzehnte Szene

70,22 *Wolkenprospekt:* Prospekt: perspektivische Ansicht,
bildliche Darstellung.
70,28 *Dreifuß:* dreifüßiger Schemel.
71,29 f. *griechischem Feuer:* leicht brennbarer, explosiver
Stoff für ›Theaterfeuer‹.

II. Stoff- und Entstehungsgeschichte

1. Stoff und Vorlage

Ein Blick in die Stoff- und Motivgeschichte des Wiener Theaters von Moriz Enzinger (vgl. Kap. V,7) zeigt, daß verschiedene Motive und Strukturelemente des »Lumpazivagabundus« bereits in der Tradition des Alt-Wiener Volks- und Vorstadttheaters vorgeformt sind. So hat es z. B. wandernde, »vazierende« Handwerksburschen schon bei Adolf Bäuerle, Josef Alois Gleich (z. B. »Die Brüder Liederlich«, 1820) und anderen gegeben. Auch das Motiv des ›lustigen Elends‹ und das aus dem Barocktheater kommende Glücks-Motiv, die Darstellung des Traums und die – ebenfalls aus dem Barocktheater auf die Vorstadtbühne gelangte – zweigeteilte Welt, die sich im Doppel-Titel des Stücks ausdrückt, finden sich bei Nestroys Vorläufern wieder.

Nestroy hält sich – zumindest formal – an den überlieferten Rahmen des ›Zauberspiels‹, das um 1820 eine Wiederbelebung erfuhr und durch Ferdinand Raimund kunstvoll erneuert wurde, sowie an das Modell des ›Besserungsstücks‹ (vgl. Kap. IV,4).

Die barocken Grundelemente und Gedanken, vor allem das Glücks- und das Verschwendungsmotiv, sind schon bei Raimund biedermeierlich überformt. Nestroy macht diese Überformung, die im Widerspruch zur Realität steht, durch eine komische Brechung der Formen des traditionellen Zauberspiels und Besserungsstücks sichtbar. Nestroy parodiert den (Bühnen-)Zauber und die scheinbare Besserung und Wiederherstellung der gestörten Ordnung. Man kann aber nicht sagen, daß er Raimund parodiert oder gar dessen letztes Stück »Der Verschwender« (1834) satirisch vernichtet habe, was allein dadurch widerlegt wird, daß die Uraufführung des »Lumpazivagabundus« über neun Monate vor der des »Verschwenders« stattfand (vgl. dazu auch Kap. III,1). Parallelen zwischen Raimund und Nestroy finden sich zum einen in der Bindung an die gemeinsame Tradition des Wiener Volkstheaters, in der beide als Schauspieler und Theaterdichter stehen, zum anderen in dem, was Claudio M a g r i s mit dem »Habsburgischen Mythos« umschreibt. In der Biedermeier-Zeit entsteht der habsburgische Mythos, jene Veränderung und Entstellung der Wirklichkeit auf dem Theater zu einer malerischen, sicheren und geordneten Märchenwelt, in der die Menschen glücklich sind und ihr Glück machen. In diesem Zusammenhang erhält das Motiv der Verschwendungssucht eine historisch konkrete Bedeutung:

»Verschwender: das ist der habsburgische Mensch in seiner Unfähigkeit zu tätiger Zukunftsvoraussicht und Kräftekonzentration für kommende Zeiten und in seiner Neigung zur Verausgabung seines Lebens und Geldes in der kurzen Spanne Zeit, die ihm gegeben ist.«

Magris: Der habsburgische Mythos in der
österreichischen Literatur. Salzburg: Müller,
1966. S. 83.

Von daher erhält die im »Lumpazivagabundus« dargestellte Thematik einen neuen Akzent, den der von Nestroy gewählte Stoff in der Vorlage noch nicht trug.
Für fast alle der fast achtzig Stücke Nestroys hat man fremde Vorlagen ausfindig gemacht. Nestroy nahm sie aus der zeitgenössischen epischen und dramatischen Literatur sowie aus der Opernliteratur. Meist handelt es sich um sog. Unterhaltungsliteratur.
Im Falle des »Lumpazivagabundus« nennt bereits der Rezensent der »Theaterzeitung« in seiner Besprechung vom 13. April 1833 (vgl. Kap. III,1) Nestroys Vorlage: »Das große Loos. In etzlichen anmutigen Historien« (1824) von Carl Weistlog. Die novellenartige Erzählung hatte vor Nestroy schon Josef Alois Gleich unter dem Titel »Schneider, Schlosser und Tischler. Posse mit Gesang in drei Aufzügen« dramatisiert. Das Stück wurde am 30. Juli 1831 zunächst anonym im Theater in der Leopoldstadt aufgeführt und erlebte in den Jahren 1831/32 zehn Aufführungen. Möglicherweise wurde Nestroy erst durch diese Bearbeitung Gleichs auf den Stoff aufmerksam. Leider ist aber das Stück verlorengegangen und daher ein Vergleich nicht möglich. Einen kleinen Eindruck von der Wirkung vermittelt die Besprechung in der »Wiener Modenzeitung« vom 16. August 1831:

»Es ist eine oft ausgesprochene Behauptung, daß es äußerst schwierig sei, aus einer Erzählung ein gutes Bühnenstück zu gestalten. Es fehlt freilich nicht an Fällen, wo dies geglückt,

aber wirklich sind die Fälle, wo es nicht geglückt, bei weitem
zahlreicher, und ein solcher Fall ist auch die in Rede stehende Posse. Der Verfasser ist uns nicht bekannt geworden,
aber das Werk gehört sicher zu dem Mittelmäßigsten, was
in dieser Gattung erschienen. Wir dürfen uns ersparen, den
Inhalt aufzuführen, denn einem großen Teil der Leser wird
er aus der Weißflogschen Erzählung bekannt geworden sein,
und ihn in der Absicht mitzuteilen, um darzutun, wie ver-
unglückt die Bearbeitung ausgefallen, dazu ist diese zu wert-
los. Daß indessen in dem Stoffe etwas liegt, was unter ge-
wandter Hand hätte komisch ausgebildet werden mögen,
dürfte nicht zu leugnen sein. Um dies zu beweisen, dürfen
wir nur den Hauptgang der Handlung mitteilen. Es gewinnen nämlich drei Handwerksburschen ein großes Los. Sie
teilen es, zerstreuen sich und es wird dargestellt, wie der
Schlosser und der Schneider ihr Geld durchbringen, bald
wieder betteln gehen müssen, und nur der Tischler das sei-
nige zusammenzuhalten wußte. Daß ein solcher Stoff Gelegenheit zu komischer Darstellung bietet, ist wohl entschie-
den und es ist daher umsomehr zu bedauern, daß es der
Verfasser so wenig verstand.«

SW II,665.

Nestroy übernimmt die Grundlinien der Handlung und einige Züge der Figuren aus der Vorlage, die in den »Phan-
tasiestücken und Historien« von Carl W e i s f l o g abge-
druckt ist (erschienen in Dresden 1824–29, in Wien 1827 und
einem Neudruck Dresden und Leipzig 1839). Weisflog (1770
bis 1828) war mit den Schriftstellern E. T. A. Hoffmann
und Christian Jacob Contessa bekannt; sein Erzählwerk ist
wohl von ihnen beeinflußt. Die Nestroy als Vorlage die-
nende Erzählung findet sich im dritten Band. Auch für die
»Fortsetzung« des »Lumpazivagabundus« griff Nestroy noch
einmal auf Weisflog zurück; das Motiv der stillen Liebe
zwischen Therese und Friedrich in »Die Familien Zwirn,
Knieriem und Leim oder Der Weltuntergangs-Tag« stammt
aus der Erzählung »Das stille Wasser« (Bd. 10 der »Phantasiestücke und Historien«; vgl. Rommel in SW II,683–686).
Otto Rommel gibt in SW II,658–664 eine längere Inhaltsangabe der Erzählung Weisflogs, in der er aber übernom-
menen Original-Wortlaut nicht als Zitat kenntlich macht.

Wir geben hier den Inhalt in wenigen Gundzügen und fügen ein paar charakteristische Textausschnitte der Vorlage an:

Inhalt von »Das große Los«

Drei Handwerksburschen, Schreiner (Gottlieb Freudenberg), Schlosser (Hanns Schwerlich) und Schneider (Zickel), treffen sich arm und abgerissen, aber guter Dinge vor der Residenzstadt. Der Erzähler charakterisiert den Schneider als leichtsinnigen Spaßvogel, den Schlosser als »Säufer aus Grundsätzen« und den Schreiner als einen aus der soliden Lebensbahn geworfenen, enttäuschten Verliebten.

Der Lotteriegewinn eines Bierbrauers motiviert die drei zum Spiel mit dem Glück. Sie arbeiten und sparen für das Los, gewinnen wirklich den Haupttreffer (100 000 Gulden). Von dem Gewinn geben sie zunächst ein Fest für die Zünfte und teilen ihn dann in drei gleiche Teile. Zickel geht mit seinem Anteil nach Italien, Schwerlich will die »Philosophie« des Alkohols in deutschen Landen studieren, Gottlieb eilt zu seiner geliebten Marie. Die drei geben sich das Versprechen gegenseitiger Freundschaft und Treue; sie verabreden ein Wiedersehen nach einem Jahr. Der Erzähler schildert nun zuerst Gottliebs Schicksal, der, nachdem er das Geld sicher angelegt hat, zu seiner Marie reist und dort mitten in die vermeintlichen Hochzeitsvorbereitungen für seine Marie platzt (der Wirt Schwappel heiratet die andere Jungfer Engelmann). Der Irrtum klärt sich bald auf; Gottlieb streift sein ärmlich aussehendes Äußeres ab, macht kostbare Geschenke, und der Hochzeit mit der ihm treu gebliebenen Marie steht nichts mehr im Wege.

Vom Schicksal des Schneiders erfährt man aus einem Brief aus Italien, vom Schlosser fehlt jede Nachricht. Die Andeutungen im Brief lassen vermuten, daß Zickel – wie auf andere Weise auch Schwerlich – bis zum Jahrestag des Wiedertreffens ihr Vermögen durchgebracht haben. Gottlieb hinterlegt daher einen Brief für seine Kameraden, falls diese doch zum Wiedersehen kommen, reist aber selbst nicht.

Erst zum zweiten Jahrestag kommen Schneider und Schlosser abgerissen ins Wirtshaus. Sie lesen den Brief: Gottlieb habe alles verloren und liege im Krankenhaus; für sie beide habe er aber beim Wirt 100 Taler zurückgelassen. Jetzt

bewähren sich Freundschaft und Treue. Schneider und
Schlosser eilen mit dem Geld, um Gottlieb zu suchen und gesund zu pflegen. Gottlieb preist ihre Treue und nimmt sie
in sein Haus auf. Dort erzählen sie, wie es ihnen mit ihrem
Lotterieanteil ergangen ist. Zickel ist durch einen betrügeri-
schen Grafen nebst Freundin um sein Geld gekommen,
Schwerlich ist von einem Scharlatan betrogen worden, der
einem Säufer ein Leben von wenigstens zweihundert Jahren
sichern wollte. Der mitleidvolle Schreiner will, daß beide
am Ort bleiben und arbeiten. Zickel treibt es aber »ins freie
lustige Handwerksburschenleben«, und Schwerlich flieht gar
aus dem Fenster.
In einem Epilog erfährt der Leser, was aus dem liederlichen
Kleeblatt geworden ist. Gottlieb ist angesehener Handwerks-
meister; der Schlosser starb auf dem Weg zu Gottlieb arm in
demselben kleinen Dorf, in dem sich Zickel zur Ruhe gesetzt
hat.

Textausschnitte der epischen Vorlage

»Es wanderten drei Bursche zum Thore hinein, Bruder Gottlieb Freudenberg, der Zwickauer, ein Schreiner, auch die
treue Seele von Zwickau genannt, Hanns Schwerlich von
Mannheim, ein Schlosser und der Schneider Franz Zickel
von Ulm. [. . .]
Wie ganz gleich sich aber auch das Schicksal und die Farben
der drei lustigen Gesellen von außen darstellte, so war doch
der innere Grund dazu sehr verschieden. Denn Bruder Gottlieb von Zwickau konnte es unmöglich zu etwas bringen,
so lange das weiche, mitleidige Herz unter der zerrissenen
Weste schlug. [. . .]
Wundert euch nicht über den sonderbaren Schatten, der
manchmal wie ein düsterer Wolkenschauer das Gesicht des
guten Gottlieb überzieht; – ach! es ist der flüchtige Schmerz
einer Wunde, die er tief im liebenden Herzen trägt [. . .].
Ganz anders ist es mit Zickel, dem Schneider. Das
war von jeher ein Erzspaßvogel und Tänzer. Hatte er ein
Zweigroschenstück übrig, so warf er es entweder unter den
Troß der Straßenbuben [. . .] oder er trug's auf den Tanz-
platz und tummelte sich in wilder Lust oder trieb gute
Schwänke und Possen und ergötzte männiglich durch selt-
same Capriolen und Fußtriller [. . .].

Noch anders aber gestaltete sich Hanns Schwerlich, der Dritte des lustigen Kleeblattes. Das war ein Philosoph. Aber wenn ihr seine funkelnde Nase betrachtet und die Rubinen der Stirn und die Kohlengluth der ganzen Physiognomie, so wisset ihr stracks, daß dieser Philosoph ein unverbesserlicher Säufer ist, aber einer – wie es deren wenige gibt – aus Grundsätzen.
[In Erwartung des Lotterie-Gewinns:] O was wird aus mir noch werden! jauchzte Zickel und sprang im üppigen Entrechat. – O, welches Meer von Arak liegt da vor mir! stammelte der Schlosser, schon halb selig und mit lechzender Zunge. – O Marie! seufzte die treue Seele, und so traten alle wohlgemuth und voll Hoffnung in die Herberge [. . .].
Bei dem Beschauen berührten ihre rosigen Wangen meine Stirn, ich fühlte den süßen Athem der Holden und war ganz außer mir. Da donnerte in der anderen Stube die Stimme des Meisters: ›Daß Dich das Wetter! bist Du noch nicht zur Wäsche?‹ und ein schwerer Meißel flog aus seiner Hand durch die offene Thür nach Marien. Ich sah den tödtlichen Wurf, sprang vor, der Meißel fuhr in meine rechte Schulter und ich sank sinnlos zu Boden.
Als ich erwachte, fand ich mich in meiner Kammer und verbunden. Der Meister saß vor mir, hielt mir die Hände und sagte sehr weich: Nehm' Er's nicht übel, Zwickauer, es war nicht so böse gemeint und es soll Sein Schade nicht sein! Niemals soll die verdammte Hitze mich wieder so hinreißen, und wenn er gesund sein wird, wollen wir über die Sache weiter sprechen. [. . .]
So allmächtig aber ist der Zauber des Goldes, daß nun die Glücklichen, die sonst immer die Liederlichen hießen, in Jedermanns Augen wie Wesen höherer Art erschienen. Niemand lachte nun mehr über das schäbige Röcklein des Zwickkauers, Niemand mehr über die Fußtriller des Schneiders, und selbst die Kometennase des Schlossers hörte auf, das feuerspeiende Vorgebirge eines unverbesserlichen Säufergesichtes zu sein [. . .].«

Weisflog: Das große Loos. In: C. W.: Phantasiestücke und Historien. Bd. 3. Dresden/ Leipzig: Arnold, 1839. S. 3–11, 20 und 33 f.

Moritz N e c k e r , der erste Nestroy-Biograph, hat in
einem ausführlichen Vergleich zwischen Drama und Erzählung die wesentlichen Eingriffe der Bearbeitungspraxis
Nestroys sichtbar gemacht und auf die gegenüber Nestroy
sentimentalen und romantisch gefärbten Züge der Vorlage
hingewiesen:

»Nichts aber ist so lehrreich und nichts vermag uns zu einer
gerechten Würdigung der Kunst Nestroys zu führen, als ein
Vergleich des ›Lumpazi‹ mit jener Novelle, aus der sein
Stoff geholt worden ist. [...] In jeder Beziehung hat Nestroy die Weisflogsche, ziemlich kunstlos, aber doch frisch
erzählte, auch keineswegs humorlose, aber sehr wohlmeinen-
de Geschichte verbessert, verschönert, bereichert, vertieft.
Der eigentliche Lumpazi-Gedanke: daß Frau Fortuna keinen Lumpen dem bösen Geist entreißen könne, im Gegen-
theil! ›da werden noch ärgere draus!‹ dieser Gedanke ist
Nestroys Eigentum. Weisflog erzählt die Geschichte des
Kleeblatts (sein Ausdruck) mit keiner anderen Absicht, als
mit der braven Moral: Leim, der im Lande bleibt und bei
der Arbeit sich redlich nährt, thut besser daran, als seine
zwei Freunde, die herumschweifen, die großen Herren spielen und in der kurzen Frist von zwei Jahren wieder so bet-
telarm sind, wie zuvor. Weisflog nimmt jedoch trotzdem
seine zwei liederlichen Gesellen gegen jeden Angriff auf ihren Charakter in Schutz; er will sie nicht als schlecht, sondern nur als leichtsinnig gelten lassen. ›Zieht hin‹ – spricht
er sie nach ihrem Zusammentreffen mit Leims Schwiegervater an – ›mit euren schäbigen, getigerten Röckchen, ihr,
von eigenem Unglück dem Staube wiedergegeben, von dem
ihr genommen worden; sie mögen eurer Liederlichkeit spotten und euch die wohlverdienten Leviten lesen, die klugen
Moralisten, die im eisernen Gleise ihres Philisterlebens nie
von der geraden, gewöhnlichen Straße weichen konnten;
eure moralische Höhe zu erringen, vermögen sie nicht! Ihr
seid nur ein paar liederliche Handwerksburschen, aber ihr
opfert euer Größtes, euer Höchstes, – eben eure Liederlichkeit der treuen Freundschaft.‹ Man könnte glauben, Weisflog hätte die wandernden Taugenichtse von Eichendorff
gekannt und nachempfunden. Als Leim den Schneider bei
sich behalten und für ihn sorgen will, da erwidert dieser:
›Ach! es ist nicht möglich – ich kann's nicht unterdrücken,

nein, es leidet mich nicht, es treibt mich unaufhaltsam in die
Welt, wieder hinaus, ins freie lustige Handwerksburschenleben. Ich kann wahrhaftig nicht hier bleiben, ich muß wahrhaftig wieder fort.‹ Er kann nicht ›still sitzen in ruhiger
Philisterei‹. Diese Eigenschaft hat der Schneider im Stück
beibehalten, ohne freilich sich mit dieser Romantik zu put-
zen; Nestroy ist realistischer. Jedenfalls wird aus den Weisflogschen Gestalten der rein humoristische Charakter der
Geschichte klar und jeder Gedanke an Parodien ausgeschlossen. Noch interessanter aber sind die Veränderungen,
die Nestroy mit der Fabel selbst vorgenommen hat.

In der Novelle Weisflogs treffen sich der Schreiner Gottlieb
Freudenberg aus Zwickau, auch ›die treue Seele von Zwik-
kau‹ genannt, Hans Schwerlich von Mannheim, ein Schlosser,
und der Schneider Franz Zickel aus Ulm auf ihrer Wander-
schaft. Nestroy hat zunächst die Namen verändert, aus dem
Schreiner einen Tischler, aus dem Schlosser einen Schuster
gemacht; auf die Gelegenheit, durch den Unterschied der
Dialekte und Landsmannschaften des Kleeblatts humoristisch
zu wirken, hat er verzichtet; es sind alle drei Wiener. Seinem
Schuster hat Nestroy außer der Lust am Trinken auch noch
die Sternguckerei angedichtet; Knieriem ist nach Art so vie-
ler Schuster Philosoph. Weisflogs Schneider Zickel ist gerade
so wie Nestroys Schneider Zwirn ein Streber, ein Prahlhans
und verliebter Natur. In der Novelle kommen die Gesellen
beim Eintritt in die Stadt gerade dazu, wie ein Bierbrauer,
der in der vierten Klasse der Lotterie einen Treffer von
viertausend Thalern gemacht hat, mit Musik nach Hause
zieht, ›hinter ihm ein unendlicher Schweif von Straßenpöbel,
der jauchzend und lärmend ihm nachwimmelt‹. Aus diesen
wenigen Zeilen entstand für Nestroy die Anregung zu der
prächtigen Scene im Wirtshaus, wo der glückliche Ober-
knecht eines Bräuhauses wegen eines Gewinnstes von nur
tausend Thalern das halbe Dorf freihält und auch die hin-
zugekommenen fidelen Wanderbursche bewirtet. Während
aber Nestroy durch die Einflechtung seines Zauberspiels das
Kleeblatt im Traum zur Kenntnis der Nummer des Haupt-
treffers gelangen läßt, erzählt Weisflog (ungeschickt genug),
daß das Kleeblatt sich nun bei verdoppeltem Fleiße das
Geld für den Ankauf eines Looses abgeizte und ein Jahr
nach der Begegnung mit dem glücklichen Bierbrauer das

große Loos machte. Hier ist die ›Zauberei‹ der Posse poetisch
weitaus wertvoller und in gewissem Sinne sogar wahrer! In
der Weisflogschen Novelle ferner erzählen sich die Gesellen
gleichfalls vor dem Einschlafen in der ersten gemeinsamen
Nacht im Wirtshaus ihre Lebensgeschichte; den romantischen
Hauptantheil hat der Schreiner, der noch die Liebe zur
schönen Tochter Marie (die Pepi im Stück) seines früheren
Meisters Engelmann (Hobelmann bei Nestroy) im Herzen
hat und sehnsüchtig nach der Entfernten, vermeintlich schon
Vermählten, schmachtet. Auch er hat, wie der Tischler Leim
im Stücke, das Mädchen vor dem Jähzorn des Vaters gerettet, als er den ihr nachgeworfenen Meißel mit seiner
Schulter auffing, und auch er ging unklug aus dem Hause,
weil er nicht den Mut hatte, ums geliebte und liebende
Mädchen offen zu werben. Weisflog erzählt diese Vorge-
schichte mit großer Ausführlichkeit auf fast ebensoviel Seiten,
als Nestroys Dialog Zeilen für sie hat; das Komische an diesem zaghaften Leim hat aber Weisflog nicht empfunden, das
kommt erst im Drama heraus. Das Mißverständnis, das den
Schreiner Gottlieb aus dem Hause seines reichen Meisters
Engelmann getrieben hat, ist dasselbe wie der Irrtum Leims;
in beiden Fällen handelt es sich um die Schwester und nicht
um die Tochter des Vorgesetzten, die den reichen, dicken
Gastwirt (Schwappel bei Weisflog, Strudl, wienerischer, bei
Nestroy) heiraten soll, und auch die Scene der Aufklärung
des Mißverständnisses hat der Dramatiker beinahe ganz vom
Novellisten genommen: wie Leim zaghaft ins geliebte Haus
eintritt; wie ihm die Geliebte, freudig überrascht, entgegentritt; wie er zuerst grob mit dem Dickwanst ist und nach
der Aufklärung ausgesucht höflich mit ihm; wie der Vater
mit dem für Leim aufgehobenen Gelde prahlt und dieser
ihn dann mit den schwereren Geldsäcken seiner dreißig-
tausend Thaler übertrumpft u. dergl. m. Jedoch hat Nestroy
den Vater Hobelmann drastischer gezeichnet als einen be-
häbigen Philister; einem Manne, der auf seine Tochter
ein Stemmeisen schleudert, kann er mehr Respekt nicht wid-
men. Ganz Nestroys Eigentum ist die andere Hälfte des
›Lumpazi‹. In der Novelle geben sich die drei Freunde vor
dem Auseinandergehen das Wort, daß sie sich künftighin
an jedem Bartholomäustage ausführliche Nachricht in Briefen geben werden; ähnlich geschieht es im Stücke. Wir er-

fahren auch hier nur, wie es dem Schneider ergangen ist;
der saufende Schlosser ist gleichgültiger. Aber die Art, wie
der Schneider Zickel und der Schneider Zwirn ihre dreißig-
tausend Thaler durchbringen, ist sehr verschieden. Als
Charaktere sind sich beide gleich: Streber und Prahlhänse
sind sie, Zickel geht nach Italien und wird dort das leicht
bethörte Opfer eines Schwindlerpaares, das sich für einen
Grafen und seine Schwester ausgiebt; um zu einem adeligen
Namen und zu einem Orden zu kommen, läßt sich Zickel
sein Vermögen herausfoppen und ist in einem Jahre so arm
als vor dem großen Gewinnst in der Lotterie. Der Schneider
Zwirn hingegen eröffnet in Prag ein großes Kleidergeschäft,
worin er jedoch selbst nichts arbeiten will; er läßt sich
›Herr von Zwirn‹ nennen, ›Euer Gnaden‹ ansprechen, um
schweres Geld sich in Öl malen; er strebt nach einer adeligen
Frau und wird von gewissenlosen Männern und Mädchen
zum Narren gehalten und betrogen. Die Scenen des zweiten Aktes, die diesen hoch hinaus strebenden Schneider, der
nicht schreiben und lesen kann, darstellen, sind ergötzlich
genug. Die Spuren der Novelle mag man noch in dem
Radebrechen des Italienischen wiederfinden, das zum komischen Hundesteckbrief und zum Quodlibet führt. Auch der
dritte Akt enthält neue, spezifisch dramatisch wirksame
Zuthaten Nestroys.«

Necker. S. 133–136.

Weitere Hinweise auf Nestroys Bearbeitung der Vorlage
gibt die Vorstufe zum »Lumpazivagabundus«, die Posse
»Der Feenball oder Tischler, Schneider und Schlosser« (1833);
hierzu bemerkt N e c k e r :

»Hier hält sich Nestroy an die Weisflogsche Novelle noch
viel näher, als im ›Lumpazi‹; außer Leim und seiner Geschichte, die aber hier noch nicht in Wien, sondern, wie bei
Weisflog, in Nürnberg spielt, sind die zwei anderen Figuren
noch nicht fertig. Ganz so wie in der Novelle geht der
Schneider, der hier Kmäh heißt, nach Italien und wird von
italienischen Schwindlern betrogen. Weisflog hat den Namen ›Zickel‹ mit ›Caprioli‹ übersetzt, Nestroy behält den
neuen Namen ohne diesen Sinn im zweiten Akt bei. Knieriem ist noch nicht da, statt seiner der Schlosser Bum, der
aber nur zu saufen, nicht auch in die Sterne zu schauen

liebt. Die schönen Einzelheiten des ersten Aktes von ›Lumpazi‹ fehlen zumeist; der ›Hausierer‹ hier steht dort noch als ›Jude‹, auch jüdelt er mehr als in der letzten Fassung. Hobelmann heißt noch Engelmann, wie bei Weisflog, und seine Briefscene mit Knieriem und Zwirn fehlt noch ganz. Die wichtigsten Änderungen hat aber das Stück in der Umrahmung erfahren. Der moralisierende Charakter tritt im ›Feenball‹ viel aufdringlicher als im ›Lumpazi‹ hervor; hier sind die allegorischen Gestalten aufs möglichste zurückgedrängt, im ›Feenball‹ erscheinen Fortuna und Lumpazi zusammen öfter auf der (irdischen) Scene, um sich von dem Stand der Dinge zu überzeugen und sich gegenseitig an ihre Wette zu erinnern [...].«

Necker. S. 136.

Die Textgeschichte mit den verschiedenen Bearbeitungsstufen zeigt, daß sich Nestroy längere Zeit mit dem Stoff beschäftigte; vgl. dazu auch Kap. II,2 und die in Kap. II,3 abgedruckten Texte.

2. Textgeschichte und Bearbeitungsstufen

Nestroys Zauberposse hat eine interessante Textgeschichte, sowohl im Hinblick auf die überlieferte Textgestalt als auch vor dem Hintergrund dessen, was auf dem Theater jeweils aus dem Text gemacht wurde. Überdies sind auch die verschiedenen Vorstufen zum »Lumpazivagabundus« zu berücksichtigen.

Otto Rommel, mit Fritz Brukner der Herausgeber der historisch-kritischen Ausgabe, ist der Ansicht, daß der Text des »Lumpazivagabundus« im Laufe der Zeit vollständig »zerspielt« wurde (vgl. SW II,625). Es gibt Theatermanuskripte, die eine vor der Druckfassung (1835) liegende Textgestalt überliefern, andere, die – mit Zusätzen usw. – eine langjährige Spieltradition widerspiegeln. Rommel meint, diese Entwicklung sei literarisch ohne Wert, und es lohne sich daher auch nicht, sie ausführlich wiederzugeben. Er begnügt sich, die wichtigsten Varianten, Extemporés an einigen Beispielen (Wirtshausszene, Briefszene) zu veranschaulichen. Heute wäre vielleicht zu fragen, ob die interessante Textgeschichte, die im Zusammenhang mit den Bedingungen des lebendigen Vorstadttheaters zu sehen ist, nicht doch wert wäre, einmal dargestellt zu werden.

Besser dokumentiert ist die Entstehung des »Lumpazivagabundus« aus den Vorstufen »Genius, Schuster und Marqueur oder Die Pyramiden der Verzauberung« (1832) und »Der Feenball oder Tischler, Schneider und Schlosser« (1833), wobei das letztgenannte Stück schon über weite Strecken identisch mit dem Text des »Lumpazivagabundus« ist. Vgl. dazu Diehl (s. S. 37) und die in Kap. II,3 abgedruckten Texte.

Wie weit Nestroy seiner Zauberposse in den Vorstufen bereits vorgearbeitet hat, zeigt folgende Übersicht der Entsprechungen:

Lumpazivagabundus I,1–3	Feenball I,3 (Fortuna – Lumpazivagabundus u. a.)
Lumpazivagabundus I,4–II,7	Feenball I,4–II,7 (Bum – Leim – Kmäh)
Lumpazivagabundus III,7	Feenball III,3 (Bum – Frau Leim)
Lumpazivagabundus III,8	Genius II,14 (Pechberger mit dem »Kometenlied«)
Lumpazivagabundus III,9	Feenball III,1 (Kmäh – Reserl)
Lumpazivagabundus III,10–12	Feenball III,7–9 (Leim – Kmäh – Bum)

Neu, in den Vorstufen noch nicht vorhanden, sind die Szenen 8 bis 17 des II. Aktes (Zwirn und die »Italienerinnen«, Annonce, Quodlibet) und im III. Akt die Szenen 1 bis 6 (Rückkehr von Zwirn und Knieriem, Hobelmann-Szenen) und 13 bis 17 (Schluß der Rahmenhandlung im Feenreich).

Siegfried D i e h l stellt in seiner Untersuchung zu dem von der Forschung lange vernachlässigten Frühwerk Nestroys fest, daß aus den beiden ersten Versuchen der Stoffbearbeitung viele Szenen in die endgültigen Theaterfassungen übergingen und verfolgt, wie sich der ›böse Geist‹ allmählich vom Himmel auf die Erde bewegt. Diehl bezieht dabei auch die Fortsetzung des »Lumpazivagabundus«, »Die Familien Zwirn, Knieriem und Leim oder Der Welt-Untergangs-Tag« (1834), in die Betrachtung mit ein (vgl. auch Kap. II,4):

»In Nestroys erstem Zauberspiel, der ›Verbannung aus dem Zauberreiche‹, war zu sehen, wie ein neuer Geist der Liederlichkeit in die behaglich-stupide überirdische Welt einbricht – und die ›Zauberreise in die Ritterzeit‹ unternehmen schon Menschen aus dem Kreis der oberen Zehntausend, die mit ihrem irdischen Dasein nicht mehr zufrieden sind. Die folgenden Stücke lassen nun den bösen Geist Lumpazivagabundus in die untersten Volksschichten hinabsteigen, wo er das Lumpenproletariat Wiens ergreift, das so gespenstisch durch die ›Backhendlzeit‹ spukt.
Das Wagnis, diesen unheimlichen Geist des Anarchismus, der sittlichen Verwilderung, zu realisieren, kostete Nestroy einen dreifachen Anlauf. Zwei eigenständige Vorarbeiten (›Genius, Schuster und Marqueur‹, ›Der Feenball‹) verschwanden unaufgeführt in der Schublade, bevor das liederliche Kleeblatt mit seinen unerhörten Forderungen an die Gesellschaft auftreten konnte (›Lumpazivagabundus‹), um schließlich in einem zynischen Nachspiel (›Die Familien Zwirn, Knieriem und Leim‹) auch die überirdische Ordnung in Frage zu stellen. Daß aus den beiden ersten Versuchen viele Szenen in die endgültigen Theaterfassungen übergegangen sind, ist selbstverständlich. Wie sich dabei der böse Geist allmählich vom Himmel auf die Erde bewegt, bleibt im folgenden zu untersuchen.

Genius, Schuster und Marqueur

Gleich ihren Nachfahren gibt die Zauberposse ›Genius, Schuster und Marqueur oder Die Pyramiden der Verzauberung‹ (1832) schon im Titel genau ihren Stellenwert auf der Skala des bösen Geistes an. Zwei der liederlichen Gesellen sind bereits vorhanden, einer von ihnen wird sogar seinen Beruf beibehalten, aber als dritter im Bunde fungiert noch ein traditionsbewährter Genius. Zauber- und Menschenwelt stehen zwanglos nebeneinander, es findet ein reger körperlicher und geistiger Austausch zwischen den beiden Reichen statt, wobei naturgemäß die beiden menschlichen Lumpen noch ziemlich passiv, als Spielbälle des Überirdischen, auftreten.

Das Zauberwesen spielt also eine entscheidende Rolle in diesem Stück, ja hier haben wir die einzige Komödie Nestroys, in der das Geisterreich Hauptschauplatz des Geschehens ist. Zwar gibt es auch schon die äußerst realistischen Wirtshausszenen (I,12–15), die fast unverändert in ›Die Familien Zwirn, Knieriem und Leim‹ (I,18–22) übernommen werden, zwar singt bereits der Schuster Pechberger (II,14) das Kometenlied Knieriems (›Lumpazivagabundus‹ III,8), während der Marqueur Kipfl die Leichtfertigkeit Zwirns vorweglebt, aber auf der anderen Seite verzichtet auch der Apparat der Zauberposse auf keines seiner bewährten Mittel. [...]

Bei allem Zwiespalt zwischen dem harten Realismus in den irdischen Szenen und dem Wirken einer tollen Zaubermaschinerie haben wir hier doch ein Spiel vor uns, das erst auf der Bühne sein volles Leben gewänne. Weshalb das Stück damals nicht zur Aufführung kam, läßt sich heute kaum mehr feststellen, vielleicht schien es Nestroy selbst zu gewagt, so daß er sich von den abschließenden Worten Lulus gleich zu einem neuen Stück inspirieren ließ, mit dem das aufgewühlte Theatervolk wieder beruhigt werden konnte – über dem er aber das alte Spiel vergaß: ›L u l u. [...] Jetzt nur g'schwind einen Feenball!‹

Der Feenball

›Der Feenball oder Tischler, Schneider und Schlosser‹ (1833) ist schon als erste Fassung des ›Lumpazivagabundus‹ zu bezeichnen. Das liederliche Kleeblatt ist nun komplett, es wird im Rahmen einer Geisterwette mit bürgerlichem Glück überschüttet, und löst die himmlische Streitfrage über die einflußreichste Macht zugunsten des bösen Geistes. Da sich Nestroy hier aber noch enger an seine Vorlage, Weißflogs Novelle ›Das große Loos‹, anschließt, mangelt seinen Figuren noch manches von dem Zynismus ihrer späteren Ausführung, obwohl sogar einige ihrer grimmigsten Bemerkungen für die Bühne gemildert werden mußten. Es fehlen im ›Feenball‹ vor allem der Auftrittsmonolog Leims (I,4), die astrologischen Glossen und das Kometenlied des Schlossers (III,8) sowie das Opernquodlibet (II,17); die Mopperl-

Annonce (II,16) und die berühmte Briefszene (III,4) sind
noch ziemlich nüchtern gestaltet. Der augenfälligste Unterschied zwischen den beiden Fassungen liegt jedoch in der
Verwendung und Bedeutung des Zauberapparats.

In beiden Stücken werben im Sinne des alten Contrasto-
Schemas zwei feindliche überirdische Gewalten um die Ge-
folgschaft der Menschen. Abstrakte Begriffe werden dabei
zu lebendigen Figuren, hier: Fortuna, Beherrscherin des (faden) Glücks, und Lumpazivagabundus, Beherrscher des lustigen Elends. Ist diese Ausgangssituation im späteren Stück
statuarisch gegeben, wird die Streitfrage über die Macht der
beiden Geister am Anfang vor das Tribunal der Zauber-
fürsten gebracht, so entwickelt sich der Prozeß des ›Feenballs‹ – ähnlich der Exposition von Raimunds ›Mädchen aus
der Feenwelt‹ – aus dem bunten Treiben einer geselligen
Veranstaltung des Magiers Carnevalis. [...]
[Die karikaturistische] Sicht des Übernatürlichen ändert sich
nun im ›Lumpazivagabundus‹ nicht, wenn dort auch die
Szenen im Zauberreich scheinbar mit mehr Würde dargestellt
sind und die Götter nur durch die Verleihung des Losnum-
mern-Traums (I,6) sowie eine Schlußerscheinung des Feen-
königs (III,13–17) am irdischen Geschehen teilnehmen. Die
Geisterszenen sind aber keineswegs ›durchaus ernst‹ und
unterscheiden sich von der gutmütigen Spaßhaftigkeit der
Raimundschen Feenwelt ganz erheblich. [...]
Die Menschen behaupten sich gegen alle Besserungsabsichten
der Geister, ja durch des Schusters und des Schneiders stand-
hafte Weigerung, sich in die bürgerliche Ordnung einzuglie-
dern zu lassen, wird erst das Glück der Feenkinder hergestellt,
da nun die Verliererin Fortuna ihrer Tochter freie Wahl des
Herzens zugestehen muß. So finden sich am Schluß des
›Feenballs‹ auch die beiden unverbesserlichen Tagediebe als
willkommene Gäste im Geisterreich ein, wo ihre Lebensart
durchaus gleichberechtigt neben die ihres spießigen Bruders
Leim treten darf.
Der ›Lumpazivagabundus‹ allerdings klingt aus mit dem
rührenden Guckkastenbild biedermeierlichen Glücks, das alle
drei Gesellen in überraschend geordneten Familienverhält-
nissen vorführt. Haben wir hier also doch ein Besserungsstück alten Stils vor uns, sollte des bösen Geistes Lumpazivagabundus These von der Unwandelbarkeit der Charaktere

(I,3) wirklich widerlegt werden? Oder ist diese rosige Zukunftsvision nur als Zugeständnis an ein verwöhntes Publikum aufzufassen, das man nicht ohne ›Licenza‹ entlassen konnte?

Nestroys bürgerliches Schlußidyll hatte eine andere Funktion zu erfüllen. Es ist das ausgesprochene Wunschbild der Fee Amorosa, die Phantasmagorie vom ›glücklichen Leben‹, das eine unzulängliche Weltregierung nicht in die irdische Wirklichkeit umzusetzen vermochte. [...]

Der Welt-Untergangs-Tag

Der Graf in Goethes ›Wahlverwandtschaften‹ (10. Kapitel) bezeichnet die Lustspiele als dafür verantwortlich, daß sich der Mensch ein so rosiges Bild von der glücklichen Dauer irdischer Zustände, besonders der ehelichen Verbindungen, macht: ›In der Komödie sehen wir eine Heirat als das letzte Ziel eines durch die Hindernisse mehrerer Akte verschobenen Wunsches, und im Augenblick, da es erreicht ist, fällt der Vorhang, und die momentane Befriedigung klingt bei uns nach. In der Welt ist es anders; da wird hinten immer fortgespielt, und wenn der Vorhang wieder aufgeht, mag man gern nichts weiter davon sehen noch hören.‹ Zu Nestroys realistisch-sarkastischem Lumpengemälde gehört es, daß hinten weitergespielt wird, und so erscheint schon bald nach dem ›Liederlichen Kleeblatt‹ eine, 20 Jahre später spielende Fortsetzung ›Die Familien Zwirn, Knieriem und Leim oder Der Welt-Untergangs-Tag‹ (1834).

Wie der Titel zerfällt das ganze Stück in zwei klar getrennte Teile, deren erster wieder auf eine Novelle Weisflogs (›Das stille Wasser‹) zurückgeht, während der zweite Akt Knieriems Kometenprophetie zu Ende führt. [...]

Der böse Geist, in der ›Verbannung aus dem Zauberreiche‹ noch ganz bei den Überirdischen zu Hause, hat sich damit also endgültig auf der Erde eingenistet. In den vier Lumpazivagabundus-Spielen kam er den Menschen immer näher: ›Genius, Schuster und Marqueur‹ mußten ihre Abenteuer mit ihm im Geisterreich bestehen, der ›Feenball‹ war nur noch Auftakt für seine irdischen Stippvisiten und das ›Liederliche Kleeblatt‹ sah sich bereits ganz von ihm eingekreist. Seit dem ›Weltuntergangstag‹ endlich weicht er gar nicht mehr von der Seite des Menschen, dem er nun beibringt,

›wie's oben steht‹. Enttäuscht vom Leben, verlassen von
den guten Geistern der Alt-Wiener Märchenwelt, verraten
vom Schicksal bleibt den Sterblichen nur noch der Zweifel
am Jenseits und die resignierende Ergebung ins Diesseits.
Sie haben nur noch einen außerirdischen Beistand: den bösen
Geist Lumpazivagabundus.
Zwischen dem ersten und dem zweiten Teil des ›Lumpazivagabundus‹ hat Nestroy noch drei weitere Zauberspiele geschrieben, von denen sich ›Müller, Kohlenbrenner und Ses-
selträger oder Die Träume von Schale und Kern‹ [1834]
besonders eng an den Themenkreis des liederlichen Kleeblatts anschließt.«

Diehl: Zauberei und Satire im Frühwerk Nestroys. Bad Hamburg / Berlin / Zürich: Gehlen,
1969. S. 55 f., 62–64, 73 f., 81 f. © Akademische
Verlagsgesellschaft Athenaion, Wiesbaden.

Es wurde schon erwähnt, daß sich durch langjährige Spieltradition der Text des »Lumpazivagabundus« verändert
hat, auch trägt er zum Teil die Spuren von Eingriffen der
Zensur (bzw. Selbstzensur Nestroys). Otto R o m m e l teilt
in SW II,625–658 die wichtigsten Varianten mit; hier ein
paar charakteristische Beispiele:

I,4 (nach 13,23): Einfügung einer Szene, in der Leim, Zwirn
und Knieriem einen Spaziergänger anbetteln und Zwirn so-
gar gewalttätig wird. Die Szene wird als Beweis für die
»Liederlichkeit« gewertet; vgl. Textabdruck in Kap. II,3.
I,5 (16,20): Szene wird zerdehnt durch immer neue sprach-
liche und mimische Einfälle (Lazzi); vgl. SW II,628 f.
I,6 (nach 18,9): Einfügung einer Szene, in der Zwirn und
Knieriem Anstalten zum Raufen machen; vgl. SW II,630 f.
I,6 (nach 18,29): Die »Liebesabenteuer« Zwirns werden er-
weitert, es kommen einige Lazzi hinzu; vgl. SW II,631 f.
I,6 (20,22 ff.): Zerdehnung; vgl. Kap. I, Anm. zu 20,26.
I,6 (nach 20,30): Szene, in der Zwirn mit allerlei Lazzi er-
klärt, wo der »reiche Meister Hobelmann logiert«; vgl. SW
II,633.
I,6 (22,1): Knieriem und Leim foppen den im Stroh liegen-
den Schneider; vgl. SW II,634.
I,6 (23,6 ff.): Zerdehnung des Dialogs nach dem Traum; vgl.
SW II,635 f.

I,8 (25,20 ff.): Zerdehnung der »Taler«-Szene; vgl. SW II,636 bis 639.

II,11 (39,8 ff.): Erweiterung der Maler-Szene; vgl. SW II,639 f.

II,17 (nach 45,31): Nach dem Chor wird eine neue Szene eingefügt: Zwirn läßt einen »Luftfahrer« auftreten, es folgt das Quodlibet-Terzett, der Luftfahrer wartet auf seinen Begleiter, da kommt plötzlich der betrunkene Kneipp (Knieriem), der Zwirn als Schneider entlarvt. Während der Ballon mit Knieriem in die Luft geht, Frau von Palpiti samt Töchtern erbost ist, und Zwirn in Ohnmacht fällt, geht der Vorhang nieder; vgl. SW II,641–645.

III,4 (54,11 ff.): Briefszene wird durch Lazzi, Wortspiele, immer neue Einfälle und Verzögerungen zerdehnt; vgl. SW III,646–651.

III,9 (nach 64,24): Nach Reserls Rede singt Zwirn ein Lied; vgl. Textabdruck in Kap. II,3.

III,15 (69,6 ff.): andere Schlußfassung, vgl. Textabdruck Kap. II,3.

Zum Zensur-Aspekt bemerkt Otto R o m m e l :

»Interessant ist, wie Nestroy schon in dieser ersten Fassung, die dazu bestimmt war, dem Kopisten übergeben zu werden, selbst dem Zensor vorarbeitete. Er weist den Schreiber an, die ›geringelten‹ Stellen nicht in das Zensurbuch aufzunehmen, und ›ringelt‹ sorgfältig alle Handwerkswitze, weil die Zensur die ›Verhöhnung‹ des ehrsamen Handwerks beanständen mußte. Der Jude I,9 mußte ein Hausierer werden. Es müssen Wendungen fallen wie: ›So ungebildetes Volk hat a Glück.‹ ›Ein Schneider gewinnt in mein' Leben nix.‹ ›Weil er ein Böhm' war.‹ ›Vergelt's Gott tausendmal.‹ (Dafür: Danke untertänigst.)
Nestroy setzt beim Zensor eine ausgebildete Nuditätenriecherei voraus und streicht Harmlosigkeiten, wenn nur die entfernteste Möglichkeit lasziver Deutung besteht. So ist ihm schon das Wort ›Kranzeljungfer‹ verdächtig.«

SW II,657 f.

Zur Zensur vgl. auch die Liedtexte in Kap. II,3.

3. Textvarianten

Nach Otto Rommel nimmt »Lumpazivagabundus« textge-
schichtlich unter den Werken Nestroys eine eigenartige Stellung ein; Nestroy habe unablässig an der Verbesserung des
Textes gearbeitet. Rommel hält sich bei der Textedition an
die Drucke (1835 und 1838), die er als »Ausgabe letzter
Hand« ansieht, »in welcher das Stück ›klassisch‹ geworden
ist« (SW II,623). Der Prozeß des Zerspielens wurde schon in
Kap. II,2 beschrieben. Hier werden einige charakteristische
Varianten – auch aus den Vorstufen – mitgeteilt:

Zu I,4:
Szene aus »Der Feenball«, in der auch Leim ein Auftrittslied
hat:

[Erster Akt.] Vierte Szene

Bum, dann Leim, dann Kmäh.
(Schwerfällige Musik, das Schlosserhandwerk charakterisie-
rend, beginnt. Nach einer Weile tritt Bum, der Schlosserge-
selle, in abgeschabener Kleidung, den Wanderbündel auf
dem Rücken, von der rechten Seite auf.)

B u m. Die Kälten heut', es wird schon spat,
    Zeit is, daß's einmal da is, d'Stadt.
    Ich brauch' ein' Guld'n jetzt zum Verhau'n,
    Da muß i glei zum Fechten schau'n;
    Und wie i ein' Guld'n z'sammbettelt hab',
    Da laßt's mir drei Maß Bier hinab;
    Mein' Rausch hab' ich Jahr aus, Jahr ein,
    Es wird doch heut' kein' Ausnahm' sein.
    (Er setzt sich auf die Bank.)
(Die Musik verändert sich und charakterisiert einen gemüt-
lichen Leichtsinn, Leim tritt ganz abgeschaben mit einem
ganz kleinen Bündel auf dem Rücken ebenfalls von der
rechten Seite auf.)
L e i m. Mein Ranzerl is leicht, es is nix drin,
    Es ist fast noch leichter als mein Sinn;
    Mein Herz, das ist zwar etwas schwer,
    Ich sag's *(seufzend)*, wann nur die Lieb' nicht wär'; –
    Doch lass'n ma das, frisch fang' ich z' arbeiten an,
    Der Verdienst wird dann mit die Kameraden vertan,

Es kann auf der Welt gar nix Ang'nehmers geb'n,
Als wenn man recht blecht und die Brüderln laßt leb'n.
(Er setzt sich zu Bum auf die Bank. Die Musik ändert sich
und charakterisiert das Schneiderhandwerk. Kmäh tritt von
derselben Seite auf, er ist abgeschaben, aber dennoch so viel
wie möglich geputzt und trägt ebenfalls den Wanderbündel
auf dem Rücken.)
K m ä h *(äußerst lustig).* Juheh, Juheh!
Der Schneiderg'sell Kmäh,
Der d' Madln gern hat,
Kommt wieder in d' Stadt.
Es ist Faschingsdonnerstag,
Drum lass' ich nicht nach,
Bis die Sonn' morgen scheint,
Grad so lang' tanz' ich heunt.
Ich tanz' mir nit g'nu,
Ich gib halt kein' Ruh',
Der Schneiderg'sell Kmäh
Schreit all'weil Juheh!

SW I,538 f.

In der endgültigen Fassung des »Lumpazivagabundus« hat
Leim kein Auftrittslied. Nestroy soll nach Rommel für eine
Aufführung im Jahre 1856 folgendes Auftrittslied für Leim
geschrieben haben, »das die stärkste Annäherung Nestroys
an Raimund bedeutet« (GW VI,619):

1.

Ich bin a armer Tischlerg'sell,
Mein Leben ist so trüb.
Einst schien die Zukunft mir so hell,
Doch alls verdarb die Lieb'.
Wenn ich net bald mei Peperl siech,
Wird mir zur Last mein Leb'n.
Denn ohne ihr freut gar nix mich,
Umsonst war all mein Streb'n.

2.

O schöne Zeit, wo ich im Haus
Den Hobel hab' geführt!
Am Abend ging die Peperl aus,

> Da bin ich mitspaziert.
> Mei Peperl seh' ich stets vor mir,
> Im Schlaf selbst, wenn ich träum'.
> Komm' ich zurück und sie ist Frau,
> So geh' ich aus dem Leim.

3.

> Was doch nicht so a Maderl kann
> Mit ein' polierten G'sicht,
> Mir schmeckt ohne der Pepi, ach!
> Kein kleiner Bissen nicht.
> Aus jedem Glaserl schaut s' mich an
> Und lacht mich aus! 's ist arg!
> Die erste Arbeit, die ich mach',
> Die ist für mich a Sarg.

GW VI,619.

Zu I,4:
Vor den beiden letzten Zeilen des gemeinsam gesungenen
Liedes, nach »Liegt uns a nix dran« schiebt eine andere Fassung folgende Szene ein:

(Ein Spaziergänger kommt von links.)

L e i m. Ah, da kommt schon einer. – Euer Gnaden, i bitt'
gar schön um a bissel was.
S p a z i e r g ä n g e r. Ich gebe nichts.
K n i e r i e m. Wie wer'n S' aber doch –
S p a z i e r g ä n g e r. Ich hab' schon g'sagt, ich geb' nichts.
K n i e r i e m. Mir scheint, der hat nix.
Z w i r n *(sehr höflich)*. Geb'n sich Euer Gnaden gar nicht
mehr ab mit die zwei, das sind ein paar ordinäre Menschen.
S p a z i e r g ä n g e r. Was will denn Er?
Z w i r n. Ich tät gar schön bitten, ich bin ein armer Abbrandler.
S p a z i e r g ä n g e r. Abbrandler?
Z w i r n. Ja, ein Abbrandler.
S p a z i e r g ä n g e r. Wo hat Er denn das Zeugnis?
Z w i r n *(verlegen)*. Daß ich ein Abbrandler bin?
S p a z i e r g ä n g e r. Ja.
Z w i r n. Das is mit verbrannt.
S p a z i e r g ä n g e r. Mir scheint, Er ist ein Lump?

Z w i r n. Was? Schimpfen? – Da hast eine! *(Treibt ihm den Hut ein.)*
A l l e   d r e i. Darum nicht lange spekulieren,
  In der Herberg' zeigt sich, was man kann.

SW II,627 f.

Zu III,7:
In einer anderen Fassung singt Bum, der Vorläufer Knieriems, nachdem er von Frau Leim Geld fürs Wirtshaus bekommen hat, folgendes Lied:

Sechste Szene

Bum (allein).

B u m. So eine Partie könnt' ich brauchen. Eine Heirat ging mir noch ab vor mein' End'. 's könnt' sein vor fünfundvierzig Jahr'n, wie mein Vater g'heirat't hat, daß mir da auch eine g'fallen hätt', aber jetzt die Modernen, die kann ich einmal nicht leiden. Es gibt aber auch nix Z'widerers auf der Welt als die jetzige Mode.

Lied.

1.

Die Mod' is bei d'Frauenzimmer, das is g'wiß,
Grad das, was beim Weing'schäft die Zurichtung is.
Das aufputzte Wesen, das is halt mein Tod,
Ich hass' die viel'n Farb'n bei der jetzigen Mod'.
Welche hätt' so ein' g'schecketen Wickler einst mög'n!
A Harlekin ist jetzt grad nur ein Spitzbub' dageg'n.

2.

In Schücherl sein s' eh'mals in Sommer umtrabt,
In Winter, da hab'n s' nachher Pelzstiefeln g'habt;
Aber jetzt, weil jetzt gar nix verkehrt g'nug sein kann,
Zieh'n s' in Sommer Gamaschen und Stief'l all'weil an,
Im Winter steig'n s' mit die Ajour-Strümpf' in Schnee,
Und statt Haub'n trag'n s' gar Backenbärt von tulle
anglais.

(Zur Mitte ab.)

SW I,594.

Zu III,8:
Nach Rommel hat das Kometenlied ursprünglich drei und
eine Repetitionsstrophe. Rommel teilt von den sehr zahlreichen im Umlauf befindlichen Zusatzstrophen und Stro-
phenteilen nur diejenigen mit, für die mit einiger Wahrscheinlichkeit Echtheit angenommen werden kann.
Interessant sind auch die Veränderungen, die Nestroy für
das Zensur-Manuskript vorgenommen hat; er schreibt in das
Manuskript:

»NB. In der Abschrift für die Zensur ist dieses Lied folgendermaßen zu schreiben:

1.

Fatale Sachen sind das unter d'Stern',
D'Kometen, sag' ich, soll'n verboten wer'n,
Ein Komet reist ohne Unterlaß
Um am Firmament und hat kein' Paß.
Und jetzt richt't einer, das is gar zu rund,
Uns die Welt sogar total zu Grund.
   Doch herunt auch, wo der Luxus steht,
   Sieht man's, daß es au'm Ruin losgeht.
Abends traut man ins zehnte Gewölb' sich nicht hinein
Vor Glanz, denn sie richten's wie d'Feentempel ein,
Der Zauberer Luxus schaut blendend hervur,
Dann geht das Geld aus, dann sperr'n sie's halt zur.
   Da wird einem halt angst und bang,
   Die Welt steht auf kein' Fall mehr lang.

2.

Am Himmel is die Sonn' oft voll Kapriz,
Mitten in die Hundstag gibt s' ka Hitz,
Und der Mond geht auf, so rot, auf Ehr',
Nicht anders grad, als ob er fuchtig wär';
Die Milichstraßen, die verliert ihr'n Glanz,
Die Miliweiber, die verpantschen s' ganz.
   Und herunt' geht's mit der Mode z' bunt,
   Man sieht es klar, die Welt geht bald z'grund.
Das Scheckige, das is halt einmal mein Tod,
Ich hass' die viel'n Farb'n von der jetzigen Mod',
Wer hätt' so ein' g'schecketen Wickler einst mög'n,
Was ist im Vergleich da der Reg'nbog'n dageg'n?
   Da wird einem halt angst und bang,
   Die Welt steht auf kein' Fall mehr lang.«   SW I,652 f.

Weitere Zusatzstrophen bzw. Halbstrophen vgl. GW VI,625 bis 627.

Zu III,9:
In einer anderen Fassung folgt noch eine kurze 10. Szene mit folgendem Lied Zwirns, das auch in einer für die Zensur bestimmten Fassung vorliegt:

1.

Ich soll jetzt solid und ein Spießbürger wer'n,
Den ganzen Tag arbeiten, auf die Nacht zeitlich hamgehn
und nacher alleweil 's Kinderg'schrei hör'n.
O je! O je! O je!
Na ja, so was ging' mir noch ab vor mein' End',
Nix da, ich brauch' a Musi, in Arm ein schönes Madl und in
der Hand ein Zimment.
Juheh! Juheh! Juheh!

2.

Nimmt man sich ein Weib, was tut man da riskiern,
Viele lassen ihre Männer, wann s' was ang'stellt haben, auf
der Stell' beim Ofen hint' knien.
O je! O je! O je!
Und viele vergreifen sich gar an ihr'n Mann,
Ich hab' selber ein' kennt, der hat von sein' Weib Wix kriegt
nach der Noten, das is doch alles, was man nur sagen
kann.
Juheh! Juheh! Juheh!
(Tanzt in die Seitentüre links ab.)

Wiederum hat Nestroy für die Zensur einen eigenen Text beigelegt:

NB. Dieses Lied wird in der Abschrift für die Zensur folgendermaßen geschrieben:

1.

Ich soll ein solider Mann auf einmal wer'n,
Den ganzen Tag arbeiten, Abends zeitlich nach Haus gehn
und dann a Menge Verdruß anhör'n.
O je! O je! O je!
Na ja, so was ging' mir noch ab vor mein' End',
Das wär' was für ein' Menschen, der keine andere Lustbar-
keit als den Tanz und die Musik kennt.
Juheh! Juheh! Juheh!

2.

Nimm ich mir ein Weib, da könnt's nur arriviern,
Daß ich müßt, wenn ich zu lang im Wirtshaus war und
                    nach Haus komm', beim Ofen hint' knien.
                    O je! O je! O je!
Und viele behandeln noch übler ihr'n Mann,
Ich hab' selber einen kennt, der hat von sein Weib Schläg'
        kriegt, das is doch alles, was man nur sagen kann.
                    Juheh! Juheh! Juheh!

SW II,654 f.

Zu III,15–17:
Zur Schlußszene gibt es folgende Varianten:

(Auf dem Dudelsack wird ein lustiges Stück gespielt, Kneipp
und Zwirn wollen abtanzen; in dem Momente, als sie vorne
die Runde machen, tritt der Reisende vor.)
D e r   R e i s e n d e *(mit starker Stimme).* Halt!
(Donnerschlag. Starke Musik fällt ein. Ein dunkler Wolken-
prospekt senkt sich rasch im Vordergrunde nieder, so daß
durch denselben Kneipp und Zwirn, welche auf das »Halt!«
des Reisenden erschrocken stille standen, von der übrigen
Gesellschaft des Wirtshauses getrennt sind, und folglich nur
die drei Personen: Kneipp, Zwirn und der Reisende in der
Wolkendekoration sichtbar sind. Mit geschehener Verwand-
lung verschwindet auch das Gewand des Reisenden und er
zeigt sich als Feenkönig Stellaris wie zu Anfang des 1. Aktes.)
F o r t u n a. Ich bin besiegt.
S t e l l a r i s. Von den drei erwählten Sterblichen haben
    zwei das Glück zum Fenster hinausgeworfen und mit
    Füßen getreten, nur einen Anhänger hast du dem Lum-
    pazivagabundus entrissen; und selbst das war nicht dein,
    sondern Amorosas Werk.
A m o r o s a. Mächtiger Herrscher, auch die verirrten Söhne
    des Feenreiches habe ich auf den rechten Pfad zurückge-
    führt. Wahre Liebe ist in ihre Herzen eingegangen, und
    so ist der böse Geist verbannt auf immerdar.
F o r t u n a *(zu Amorosa).* Ich erkenne deine Macht für
    höher als die meine, du bist die Siegerin, Hilaris werde
    meiner Tochter Gemahl!
(Musik fällt ein, die Wolkendekoration verwandelt sich in

*Stellaris' Feenpalast. Im Hintergrunde sind Zauberer und
Feen versammelt, zu beiden Seiten knien die Söhne der
Zauberer, jeder vor einer anderen Feentochter, von welcher
sie emporgehoben werden. Hilaris und Brilliantina treten
vor, Fortuna legt ihre Hände ineinander. Die Musik endet.)*

H i l a r i s *(Brilliantinen umarmend).* Ich bin überglücklich.
(Zu Stellaris.) Nur eine Bitte gewähre mir noch, mächtiger Herrscher, laß die drei Sterblichen, deren Tun und
Treiben unser Schicksal zum freudigen Ziele gelenkt, hier
erscheinen.

S t e l l a r i s . Es sei! *(Zu Amorosa.)* Doch sollen zwei von
ihnen gänzlich ungebessert bleiben?

A m o r o s a . Ich will mich ihrer annehmen. Doch denen
muß die wahre Liebe in ganz anderer Gestalt erscheinen.

*(Musik fällt ein, Amorosa und Stellaris winken, drei Ver-
senkungen öffnen sich. Auf der Mittelversenkung kommt
Leim mit Peppi herauf. Auf den Seitenversenkungen kniet
auf einer Zwirn, auf der anderen Kneipp in demütiger Stellung, vor jedem steht ein Weib in altbürgerlicher Haus-
tracht, welche eine Rute schwingt.)*

D i e   d r e i   h e r a u f g e k o m m e n e n   P a a r e *(erstaunt).* Was ist das?

S t e l l a r i s . Ihr teilt für heute unsere Freude im Feen-
lande. Morgen geben wir euch reich beschenkt der Erde
wieder. Nun beginne fröhlicher Tanz, die Hochzeitsfeste
zu feiern.

*(Allgemeiner Tanz beginnt, zum Schlusse Gruppe, von grie-
chischem Feuer beleuchtet.)*

Der Vorhang fällt.

SW I,655–657.

Folgende Szenen und Ausschnitte aus der Vorstufe »Der
Feenball« sollen einen Vergleich mit dem »Lumpazivagabundus« ermöglichen und Nestroys Bearbeitungspraxis sichtbar
machen. Nach Rommel (vgl. GW I,653 f.) wird vor allem
deutlich, wie sich Nestroy von der epischen Vorlage Weisflogs löst und das »noch recht üppig wuchernde Ranken-
werk der Zauberspielmotivik« im »Lumpazivagabundus«
beschneidet, um die Charaktere deutlicher hervortreten zu
lassen.

[Erster Akt.] Dreizehnte Szene
Verwandlung

Das Theater verwandelt sich in einen tiefen Wirtshaussaal, beleuchtet und mit Kränzen verziert. Im Hintergrunde drei große Tafeln, an welchen die Gäste der drei Gesellen, nämlich die drei benannten Zünfte, Meister, Gesellen, Frauen, Töchter sitzen. An jedem Tisch sind ein paar leere Plätze. Pantsch bedient.

C h o r d e r M ä n n e r.
   Das ist ein Leben heut',
   Wer da sich nicht erfreut,
   Der müßt' vernagelt sein,
   Denn faßweis' fließt der Wein.
   Und sind wir erst benebelt ganz,
   Dann geht es los, da geht's zum Tanz.

E i n S c h l o s s e r m e i s t e r *(zu Pantsch)*. Wo sind denn die drei Glücklichen?

P a n t s c h. Mit die drei Zunftmeister sind s' im Zimmer da drin und machen was ab. Da kommen s' grad.

Vierzehnte Szene

Leim, Kmäh, Bum, die drei Zunftmeister der Schlosser-, Tischler- und Schneiderzunft; die Vorigen. Alles ist im Festgewand, Leim ist geschmackvoll, Bum und Kmäh komisch und nur zum Teil herausgeputzt.

D i e d r e i Z u n f t m e i s t e r. Wir machen unsere Danksagung im Namen der Innung.

D e r Z u n f t m e i s t e r d e r T i s c h l e r z u n f t. Hört, alle ihr anwesenden Gesellen! Eure drei Kameraden haben jeden von euch fünf Dukaten auf die Hand als Geschenk bestimmt und außerdem gibt jeder noch hundert Dukaten für seine Zunft in die Lad' zur Unterstützung von reisende Handwerksbursche.

A l l e. Vivat! Vivat! *(Sie heben die Gläser. Tusch mit Trompeten und Pauken. Die Zunftmeister setzen sich wieder zu den Tischen.)*

D i e d r e i G e s e l l e n *(tun Bescheid)*. Wir danken allerseits, 's ist gern g'schehn.

L e i m *(indem er mit Bum und Kmäh vortritt)*. Jetzt sagt's mir aber, Kameraden, was fangen wir mit unserem Reichtum an? Ich hab' meinen Plan.

K m ä h. O, ich auch.

B u m. Ich hab' ganz eine eigene Idee.

L e i m. Ich reis' nach Nürnberg morgen in aller Fruh. Find' ich meine Peppi noch ledig, so bin ich der glücklichste Mensch auf der Welt. Ist sie verheiratet, dann nutzt mich mein ganzer Reichtum nichts. Da geh' ich dann nach Haus, bau' ein Spital für unglückliche Tischlergesellen und da leg' ich zuerst mich selber hinein.

K m ä h. Bruder, das ist ein trauriger Plan; da mach' ich's anders. Ich geh' nach Italien. Dort sind die wahren Schönheiten und auch der wahre Fasching, das ist alles nur in Italien zu Haus.

B u m. Und ich gewöhn' mir 's Biersaufen ab. Ich verleg' mich von heut' an bloß auf 'n Wein, ich mach' eine Reis' an den Rhein, und da zieh' ich so von einem Weinkeller in den andern herum und führ' so ein zufriedenes häusliches Leben.

L e i m. Ist das euer fester Entschluß?

K m ä h, B u m. Unabänderlich.

L e i m. Na, ich wünsch' euch viel Glück. Mir ist leid, daß wir auf die Art nicht beisammen bleiben können.

K m ä h. Wir haben jeder unsere aparte Passion.

B u m. Auseinander müssen wir.

L e i m. Aber beistehn wollen wir einander als fidele Brüderln, wie einer von andern hört, daß er in Unglück ist.

B u m. Von Unglück ist gar keine Red' mehr.

K m ä h. Wann's halt doch der Fall wär –

L e i m. Die Hand darauf.

K m ä h, B u m. Gilt allemal! *(Sie reichen sich die Hände.)*

L e i m. Und heut' übers Jahr am Faschingdonnerstag, an dem Gedächtnistag unsers Glücks, kommen wir wieder alle drei hier zusamm'.

K m ä h, B u m. Gilt detto! *(Sie reichen sich nochmals die Hände.)*

L e i m. Und jetzt, aufg'rebellt, Musikanten, jetzt wird drauf los getanzt bis morgen in der Fruh. *(Tanzmusik fällt ein, alles reiht sich zum Tanz. Wenn alles im vollsten Jubel ist, fällt der Vorhang.)*

Ende des ersten Aktes

Zweiter Akt. Achte Szene

Die Bühne stellt ein kurzes, aber sehr elegantes italienisches
Boudoir vor mit Mittel- und Seitentüren und Balkonfenster.
Die Bühne bleibt eine kleine Weile leer, während welcher
man von unten, von vier Männerstimmen gesungen, die be-
kannte italienische Barcarole »O pescator dell'onda, fidelin
etc.« als wie von venezianischen Gondolieri gesungen ver-
nimmt.
Maccaroni, Parmesano (treten mit Ende des Gesanges auf.)

M a c c a r o n i. Freund, das Geschäft geht über alle Erwartung; deine Schwester ist ein Genie von einem Mädchen,
sie hat den Gimpel total im Netze.
P a r m e s a n o. Wenn er nur nicht bei dem Patente, das ich
ihm als Notarius überreichen soll, doch den Betrug merkt.
M a c c a r o n i. O nein, seine Dummheit verbürgt einen
günstigen Ausgang, noch einen Tag, und seine Goldsäcke
sind changé partout in unsere Kassa gewandert.
P a r m e s a n o. Nun, ich eile ans Werk. *(Geht zur Türe,*
unter welcher er die eintretenden Fortuna und Lumpaci-
vagabundus bemerkt, bekomplimentiert sie und geht ab.)

Neunte Szene

Fortuna, Lumpazivagabundus, Maccaroni. (Fortuna und
Lumpacivagabundus sind als Fremde, jedoch ohne Karikatur,
gekleidet.)
[...]

Zehnte Szene

Die Vorigen ohne Maccaroni; etwas später Kmäh.

L u m p a c i v a g a b u n d u s. Die Eleganz hier scheint mir
für seinen Gewinn doch etwas zu groß.
F o r t u n a. Nun, wenn er nur sonst im übrigen nichts hin-
auswirft.
L u m p a c i v a g a b u n d u s. Freilich, auf das kommt's an.
K m ä h *(kommt in einem karikiert eleganten Anzug im*
leichten italienischen Geschmack gekleidet herein). Man
ließ mich rufen – oh, ich bitte – es ist mir unendlich leid –
ich bin ganz überrascht über diese noble Kundschaft, *(sich*
korrigierend) Visit wollt' ich sagen.

L u m p a c i v a g a b u n d u s. Mein lieber Herr Kmäh –

K m ä h *(beiseite)*. O, verdammtes Wort, wenn ich nur den Namen nicht mehr hätt'!

L u m p a c i v a g a b u n d u s. Man hat mich zu Ihnen gewiesen –

K m ä h. O, ich bitte – *(beiseite)*. Der will sich auf die Letzt' gar was anfriemen bei mir. *(Zu Lumpacivagabundus.)* Es geht hier die Sage, als ob ich einstens – wie sagt man denn g'schwind? – als ob ich einstens, mit Respekt zu melden, ein Schneiderg'sell' gewesen wär'!

F o r t u n a. O, wer wird davon sprechen?

K m ä h. Glauben Sie mir, das war nur jugendlicher Leichtsinn, Mangel an drastischem Imaginationsvermögen. Ich bitte, Platz zu nehmen dahier. *(Er zieht das Schnopftuch heraus, und bei dieser Gelegenheit fällt ihm eine Schere aus der Tasche.)* O, verdammt –!

L u m p a c i v a g a b u n d u s. Was ist denn das?

K m ä h *(verlegen lächelnd)*. Das ist so eine Gewohnheit von mir. Wie ich eine Scher' seh', so steck' ich s' immer in Sack.

L u m p a c i v a g a b u n d u s *(nachdem alles sich gesetzt)*. Der Grund meines Besuches ist eigentlich der, ich ziehe mit meiner Gemahlin nach Paris zurück und da wollt' ich Ihnen meine Villa zum Verkauf anbieten.

K m ä h *(sich vergessend und wieder ganz im ordinären Dialekt)*. O, Sie, das is g'scheit, ich hab' schon lang wollen unter der Hand so ein Dingsda, so eine Villa z'kaufen kriegen. Ich möcht's meiner Laura zum Präsent machen. Ich hab' eine Laura, Sie, das ist eine *(jubelnd aufspringend)* – tulieh, tulieh! *(Sich fassend und sich wieder niedersetzend.)* O, verzeihen Sie den heftigen Ausbruch meiner Gefühle. [...]

Elfte Szene

Maccaroni, Parmesano (als Notar); die Vorigen.

M a c c a r o n i. Bist du allein, Bruder, die Fremden schon abgefertigt?

K m ä h. Ja.

M a c c a r o n i. Nun, so nimm denn meinen aufrichtigen Glückwunsch zu deinem Geburtsfeste und diese kleinen Gaben aus der Hand deines Freundes. Hier diesen Brillantring. *(Er gibt ihm einen Ring mit einem großmächtigen Lusterstein.)*

K m ä h. Ah, das ist zu viel, die Größ' –!

M a c c a r o n i. Er hat einige tausend Karat, du mußt ihn gar nicht tragen vor den Leuten.

K m ä h. Bruder, ich kann dir nichts von ähnlichem Wert offerieren, aber nur als kleine Erkenntlichkeit nimm die paar Säck' Dukaten! *(Er gibt ihm zwei große Dukatenbörsen.)*

M a c c a r o n i. Nun, wenn es dir Freude macht, so nehm' ich sie an *(nimmt das Geld)*, mein lieber Capreoli.

K m ä h. Was, Capreoli?

M a c c a r o n i *(mit Feierlichkeit)*. Ja, du bist es, du bist Marchese Capreoli, dein Stand ist jetzt dem unsrigen gleich, und kein Hindernis steht mehr deiner Verbindung mit meiner Schwester Laura entgegen.

K m ä h *(äußerst erfreut)*. Also wirklich?

M a c c a r o n i *(zu Parmesano)*. Das Patent, lieber Notar.

P a r m e s a n o *(ihm das Patent überreichend, leise zu Maccaroni)*. O, du Hauptspitzbub!

M a c c a r o n i. Dieses Pergament ernennt dich zum Marquis Capreoli.

K m ä h *(fast weinend vor Freude)*. Also nicht mehr Kmäh! – Freund, Bruder, Retter, komm an mein Capriolisches Herz! *(Umarmt ihn.)* [...]

Sechzehnte Szene

Kmäh (allein).

K m ä h. Nein, wie ich das Italien genieß', das ist schon der Müh' wert, mich bringt kein Mensch mehr fort. Das Land und die Madln, das ist was anders als wie in Deutschland, na, da werd' ich bitten.

Lied

1.

Die wällischen Madln, das ist schon a Pracht,
A Deutsche dageg'n, das ist wie Tag und Nacht.
Bis a Deutsche die Wort' sagt: »Ich bin ewig dein,«
Derweil kann m'r in Italien verheirat't schon sein;
Und d' wällischen Aug'nbram, die sein nit zum Zahl'n,
Die tun s' nit mit anbrennte Kampelzähn' mal'n.

2.

Ich geh' mit der Meinigen jetzt nach Neapel,
Dort kauf' i ihr ein' Schal, und sie kauft mir a Kappel.
Da steig'n ma au'm Vesuv, um die Zeit uns z'vertreib'n,
Da zahl i den Kerl, und er muß Feuer speib'n;
Und will ich ein Haus in der G'schwindigkeit hab'n,
Um ein Guld'n tun s' mir eins in Pompeji ausgrab'n.

3.

Nur schad' is, das Dings geht mir oft durch'n Sinn,
Daß ich in Italien kein Sänger wor'n bin.
Probiern tu' ich's doch noch, ich fass' mir ein Mut,
Das Publikum is in Italien gar gut;
Sing' ich in San Carlo ein' einzigen Lauf,
So werfen s' mir g'wiß glei' Pomeranzen herauf. *(Ab.)*

Verwandlung

*Die Bühne stellt den an der Stadtmauer gelegenen Teil einer
Stadt vor. Gegen den Hintergrund rechts ist ein Turm mit
einem Gitterfenster im ersten Stockwerk, unten ist die Wach-
stube, Wache geht auf und ab.*

Siebzehnte Szene

*Wache, Lumpacivagabundus, Fortuna. (Die beiden letzteren
sind wieder als Fremde, aber in einem etwas veränderten
Kostüm gekleidet.)*

L u m p a c i v a g a b u n d u s *(mit Fortuna auftretend).*
   Hier also sollen wir ihn finden.
F o r t u n a. Ich begreife nicht.
L u m p a c i v a g a b u n d u s. Ah, ich begreif's schon, meine
   Anhänger kommen viele daher. *(Zur Wache.)* Logiert hier
   nicht ein gewisser Schlossergesell', namens Bum?
W a c h e. Bum? Ich glaube.
B u m *(aus dem vergitterten Fenster rufend).* Wer fragt
   denn um mich? Ich bin eingenäht da!
L u m p a c i v a g a b u n d u s. Was Teuxel, wie ist denn das
   g'schehn?
F o r t u n a. Du hattest ja erst verflossenen Fasching so ein
   großes Glück.
B u m. O je, da ist kein Kreuzer mehr da.

F o r t u n a. Wie ist denn das möglich?

B u m. Auf drei Teil' ist alles hinausg'flogen. Einen Teil
hab' ich versoffen, ein' Teil hab'n s' mir g'stohl'n im
Rausch und den dritten Teil hab' ich Straf' zahlt, weil
ich so oft Händel gehabt hab'.

W a c h e *(zu Lumpacivagabundus)*. Mein Herr, ich bitte,
sich zu entfernen. Diskurse mit Gefangenen sind nicht
gestattet.

L u m p a c i v a g a b u n d u s. Nun, adieu, Bum!

B u m. Ich bitt' Ihnen, wer Sie auch sein, red'n S' mit'n
Stadtrichter, daß er mich ausläßt; ich bin diese eingezo-
gene Lebensart nicht gewohnt.

L u m p a c i v a g a b u n d u s *(indem er mit Fortuna in
den Vordergrund tritt)*. Schon recht.

W a c h e *(zu Bum)*. Still da oben!

L u m p a c i v a g a b u n d u s *(zu Fortuna)*. Nun, was sagen Sie?

F o r t u n a. Zwei haben das Glück beim Fenster hinaus-
geworfen, nur einer bewahrte es. Bis jetzt hatten Sie ge-
siegt. Doch nun will ich diesen beiden das Glück aufdrin-
gen, auf nicht so glänzende, doch auf dauernde Art, und
ich bin gewiß, sie werden's nicht mit Füßen treten.

L u m p a c i v a g a b u n d u s. Das werden wir erst sehn.

F o r t u n a. Gehn wir!

L u m p a c i v a g a b u n d u s. Warum? Versinken wir lieber!

F o r t u n a. Auch recht. *(Musik. Beide versinken.)*

Zweiundzwanzigste Szene

Leim; die Vorigen.

L e i m *(im eleganten Anzug aus der Seitentüre rechts stür-
zend)*. Brüderln, laßt's euch umarmen, ihr seid's Lumpen,
aber treue Seelen, wahre Goldkerle.

K m ä h und P a n t s c h. Wie – was ist denn das? ⎫ *zugleich*
B u m. Bin i damisch?!   ⎭

L e i m. Ja, schaut's mich nur an, ich bin's wirklich.

B u m. Is da drin dein Spital?

L e i m. Der ganze Brief ist erlogen. Ich bin g'sund und
wohlauf, glücklich, und mein Reichtum hat sich um vieles
vermehrt in dem Jahr. Den Brief hab' ich nur g'schrieben,

um zu sehen, ob bei euch 's Herz auf'n rechten Fleck sitzt, und davon hab' ich mich jetzt vollkommen überzeugt. Euer Herz ist Gold –

B u m. Nein, Brüderl, da hätt' ich's schon längst versoffen.

L e i m *(zum Wirt)*. Herr Pantsch, jetzt tragen S' auf, daß sich der Tisch biegt.

P a n t s c h. Gleich, Euer Gnaden. *(Ab.)*

L e i m. Ihr reist morgen alle zwei mit mir nach Haus, da sollt' ihr alles, was ihr braucht, im Überfluß haben, und so lang wir leben, bleiben wir als Freunde beisammen.

K m ä h und B u m. Bruder, laß dich umarmen. *(Sie umarmen Leim. Donnerschlag, Musik. Das Theater verwandelt sich in einen Feentempel, im Hintergrunde auf einem Throne sitzt die Freundschaft als allegorische Person, von Genien umgeben.)*

L e i m , K m ä h , B u m *(erstaunt nach geendigter Musik)*. Was war das? Wo sind wir?

D i e F r e u n d s c h a f t. Im Tempel der Freundschaft. *(Zu Leim.)* Du hast Fortunas flüchtige Gabe sorgfältig dir bewahrt, wohl dir! *(Zu Kmäh und Bum.)* Ihr beide habt sie schnöde weggeworfen, allein Fortuna zürnet nicht, noch immer ist sie euch geneigt. Mir, der Freundschaft, sendet sie ihr Füllhorn *(sie nimmt aus der Hand eines Genius das Füllhorn)*, damit ich dauernd euch mit ihren Gaben überschütte.

L e i m. Wir bleiben Freunde bis in den Tod. – Wenn ich s' nur schon bei mir zu Haus hätt', alle zwei.

D i e F r e u n d s c h a f t. Dieser Wagen wird euch durch der Erde Schoß in wenigen Minuten hin nach Nürnberg bringen. *(Sie winkt. Musik, die Mittelversenkung öffnet sich. Es kömmt ein offenes Pirutsch herauf, welches einen ganzen Hobel formiert; es ist vorn mit zwei Ziegen bespannt, welche Laternen auf den Hörnern tragen. Die Rückseite des Pirutsches ist ein großer Blasebalg, welchen ein auf dem Bedientenplatze stehender Genius regiert. Als die Musik leiser wird:)*

B u m. Ah, Spektakel!

L e i m. Setzen wir uns ein! *(Sie setzen sich ein.)*

K m ä h. Jetzt fahren wir mit Gasbeleuchtung, ich setz' mich auf'n Bock. *(Er setzt sich auf und kutschiert. Die Musik wird wieder stärker, der Genius bewegt den Blasebalg,*

das Pirutsch versinkt langsam mit den drei Freunden, die
Freundschaft erhebt sich auf ihrem Throne in die Höhe,
währenddem sie die Genien mit Blumenkränzen in pas-
sender Gruppe umgeben. Griechisches Feuer.)
Der Vorhang fällt.
Ende des zweiten Aktes

[Dritter Akt.] Schluß des Stückes

Fünfzehnte Szene

Nemesis. Schwarze Wolken fallen ganz vorne vor.

N e m e s i s *(kommt aus der Versenkung, die Musik schweigt*
einen Augenblick). Fortuna hat die Wette verloren.
(Musik fällt wieder ein, sie winkt, die Wolken heben sich,
man sieht einen glänzend erleuchteten Feensaal.)
Fortuna, Carnevalis, Poverinus, Brilliantina, Lumpacivaga-
bundus, Feen, Genien, Zauberer, Hexen, Truden etc. sind
versammelt.
N e m e s i s. Fortuna!
F o r t u n a. Ich weiß, ich bin besiegt.
N e m e s i s. Von den drei Erwählten konntest du nur einen
ihm entziehn. Poche daher nicht zu sehr auf deine Macht.
Das Glück kann dem lustigen Elend nur wenig Anhänger
entreißen, dies kann nur die bittere Erfahrung, diese wird
vielleicht auch noch die beiden Liederlichen zurückführen
in die Arme der Freundschaft.
F o r t u n a. Nun denn, ich darf und will nicht länger wider-
streben. Brilliantina, Poverinus werde dein Gemahl. *(Fügt*
beider Hände zusammen.)
P o v e r i n u s. Tausend Dank, gütige Fee! ⎫
B r i l l i a n t i n a. Tausend Dank, beste Mama! ⎭ *zugleich*
P o v e r i n u s. Jetzt wünscht' ich aber auch die drei lustigen
Brüder, durch die unser Schicksal zum günstigen Ausgang
gewendet wurde, heroben bei uns im Feenreiche zu sehn.
L u m p a c i v a g a b u n d u s. Das soll geschehn!
(Er winkt mit Fortuna zugleich, Musik fällt ein, die Versen-
kungen zu beiden Seiten öffnen sich.)

Sechzehnte Szene

Madame Leim, Leim, Kmäh, Bum; die Vorigen. (Aus der
Versenkung rechts kommt Leim mit seiner Frau herauf, aus
der Versenkung links Kmäh und Bum.)

M a d a m e L e i m *(nach der Musik).* Was ist das?
L e i m. Da schau' her, das ist unsere gnädige Beschützerin.
(Kniet mit ihr vor Fortuna nieder, welche beide freund-
lich erhebt.)
K m ä h. Bum, was sagst du zu dem Lokale?
L u m p a c i v a g a b u n d u s. Ihr seid heut' unsere Gäste.
B u m. Das ist g'scheit.
K m ä h. Aufg'spielt, Musikanten!
(Rauschende Tanzmusik und allgemeiner Tanz beginnt, Leim
tanzt mit seiner Frau, Kmäh mit einer Hexe, Bum mit einer
Trud, alle übrigen beliebig rangiert. Der Tanz schließt mit
einer Gruppe, von griechischem Feuer beleuchtet.)
Der Vorhang fällt.

Ende

GW I,653–665.

4. Die Fortsetzung des »Lumpazivagabundus«

Eineinhalb Jahre nach dem »Lumpazivagabundus« schrieb
Nestroy als Fortsetzung »Die Familien Zwirn, Knieriem
und Leim oder Der Welt-Untergangs-Tag«, ein Zauberspiel
mit Feen-Rahmen (Aufführung am 5. November 1834).
Die Hauptakteure sind um zwanzig Jahre gealtert (laut
Personenverzeichnis sind Leim 45, Knieriem 57 und Zwirn
58 Jahre alt); Entsprechendes gilt auch für die Personen des
Feenreiches. Zum Inhalt:
Im Feenreich herrscht (wieder) große Unordnung. Brillantine, Tochter Fortunas, ist unglücklich mit Hilaris, dem Sohn
des Zauberers Mystifax, verheiratet; überdies haben die beiden einen »liederlichen Sohn« (Jukundus), der von Lumpazivagabundus verführt wurde. Es kommt aber noch schlim-
mer, denn Konstanze, die Fee der Beständigkeit, hat sich
ausgerechnet Lumpazivagabundus zum Bräutigam gewählt.
Stellaris, der Feenkönig, soll nun helfen und die gestörte

Ordnung wiederherstellen. Er stellt als Bedingung: Wenn die Kinder des »liederlichen Kleeblatts« nicht besser als ihre Väter sind, dann gibt sich Stellaris geschlagen und Konstanze kann sich mit Lumpazivagabundus verbinden. »Doch sind die Kinder jener drei von edlerer Art, so daß sie in jeder Lage sich der Tugend treu bewähren«, dann wird Lumpazivagabundus auf ewig aus dem Feenreich verbannt und der häusliche Friede von Brillantine und Hilaris ist gerettet. Stellaris holt sich noch Hilfe bei seinem Onkel, dem Schicksalskönig Fatum (»Es ist etwas Prächtiges, das Schicksal zu sein, man tut rein gar nichts, und am Ende heißt es bei allem, was geschieht, das Schicksal hat es getan.«). Und damit wendet sich das Geschehen dem Treiben der Familien Zwirn, Knieriem und Leim auf der Erde zu (I,6).

Leim hat sich in Kieselfeld zu einem reichen, karrieresüchtigen Spießer entwickelt, der seine Frau unterdrückt und zusammen mit seinem Schwiegervater Hobelmann Heiratspläne für seine Kinder Sophie und Friedrich verfolgt, gleichzeitig zusammen mit seiner Frau die Pflegetochter Therese (die Tochter Zwirns) schikaniert. Die Dinge entwickeln sich natürlich gegen die Pläne der Eltern: Friedrich liebt Therese, und Gottfried, Knieriems Sohn, ist in Sophie verliebt.

Der Schauplatz wechselt (I,16), und wir sehen den reisenden Flickschneider Zwirn, der immer noch den Mädchen nachstellt (»Mein Herz is jung, nur 's G'sicht is alt.«). Zusammen mit dem Quacksalber Paracelsus, den es auch nie lange an einem Ort hält, zieht er nach Kieselfeld; er verdingt sich als dessen Diener. Die Szene wechselt (I,18). Im Wirtshaus begegnen wir Knieriem, der zu Hause Frau, Kinder und Lehrlinge tyrannisiert (»Wie man Familie hat, kommt man auf kein' grün' Zweig, man opfert sich rein auf. [...] Ich wollt', der Komet wär' nit aus'blieb'n vor zwanzig Jahr', so hätt' alles schon ein End'.«).

So sind die drei die »alten« geblieben, aber ihre Kinder erweisen sich als gut und treu, nur müssen sie sich noch gegen die Pläne der Eltern behaupten. In Leims Haus in Kieselfeld kommen dann alle zum Ende des ersten Aktes zusammen, Heiratskontrakte werden gegen den Willen der betroffenen Kinder unterschrieben, und wieder einmal wird auf das Kommen des Kometen hingewiesen.

Im zweiten Akt wird aufgedeckt, »daß die Mariagen der

gegenseitigen Kinder nur schuldendeckungshalber geschlossen« werden sollen. Der Komet bleibt wieder einmal aus, und die »richtigen« Paare kommen zueinander. Am Beispiel Thereses, die zur Heilung Hobelmanns Quellwasser holt (vgl. die Vorlage, Weisflogs »Das stille Wasser«), erkennt Stellaris: »Die Sprossen jenes Kleeblatts zeigten edlen, biedern Sinn. Erfüllt ist die Bedingung, verdorb'ne Stämme trugen edle Frucht.« Auch Leim, Zwirn und Knieriem fassen neue gute Vorsätze, und »unter passender Gruppierung« fällt der Vorhang.

Zu Nestroys Bearbeitung der Vorlage vgl. Otto Rommel in SW II,683–686.

Textausschnitte aus
»Die Familien Zwirn, Knieriem und Leim«

Erster Akt

Verwandlung
Elegantes Zimmer in Leims Hause mit Mittel- und Seitentüren.

Sechste Szene

Leim und Madame Leim (treten aus der Seitentüre rechts).
L e i m. Ich hab' jetzt lang' genug im Guten gered't, aber du willst dein Betragen nicht ändern, du bist und bleibst eine gemeine Person.
M a d a m e L e i m. Ich kann nix davor, daß ich keinen so dalketen Hochmut in mir hab' wie du. Ich bin und bleib' halt eine Tischlerin.
L e i m. Das *warst* du, jetzt bist du die Frau eines reichen Privatmannes und sollst dich als solche betragen. Ich bin deswegen hiehergezogen, weil in Wien alles in mir nur den Tischler gesehen hat, hier bin ich der erste Mann in der Stadt, werde Bürgermeister werden, und nur *eine* Familie ist über mir, das vornehme Haus von Stoppelbach, und dieses wird durch die Wechselheirat unserer Kinder eng mit dem unsrigen vereint; darum befehl' ich dir –
M a d a m e L e i m. Ich lass' mir nichts befehlen! Das stund' mir gut, wenn ich eine reiche Privatistin spielen müßt' und mich auf die hochdeutsche Sprach' verleget, du bist übri-

gens zwar Herr in Haus, die Kinder sollen heiraten, wen
du schaffst, aber sekkieren lass' ich mich nicht von dir,
und wenn du hundertmal ein reicher Privatmann bist.

L e i m. Auch aufs Tritschen und Tratschen verlegst du dich
seit einiger Zeit, da werd' ich aber einen Riegel vorschie-
ben. Deinen Neuigkeitszuträger, den Knieriem, werf' ich
hinaus, wie er wieder –

M a d a m e L e i m. O, das sieht dir gleich, du liebenswür-
diger Privatmann, du, daß du deinen anhänglichsten
Freund so behandelst.

L e i m. O, seine Anhänglichkeit ist viel wert. In Wien hat
er sich vollgezecht auf meine Kosten, und hieher ist er
uns nachgegangen, um wieder auf meine Kosten viel zu
trinken und wenig zu arbeiten.

SW II,92 f.

Verwandlung

Die Bühne verwandelt sich in eine Waldgegend mit einem
praktikablen Wege im Hintergrunde, welcher von einem
Hügel herabführt. Mit der Verwandlung beginnt die Musik
und geht nach den Anfangstakten in das erste Motiv aus
Schuberts »Wanderer« über, währenddem kommt Zwirn.

Sechzehnte Szene

Zwirn (allein).

(Er geht in sehr schadhaftem Anzuge den Weg über den
Hügel herab; wie er herunten ist, beginnt, nach einem
System in obbenanntem Motive, ein ganz kurzes Ritornell
von wenigen Takten, zum folgenden Liede.)

Z w i r n,

1.

Ich wandre durch die halbe Welt,
In Sack hab' ich kein' Kreuzer Geld,
Im G'wand hab' ich zwar Löcher gnu',
Hingegen hab' ich z'riss'ne Schuh'.
Mein Geist eilt fort den ganzen Tag,
Nur d'Füß', die woll'n nicht mehr recht nach,
Und ich, ich hab', die Wahrheit z'sag'n,
Ka Aussicht noch auf Roß und Wag'n;
Das bringt mi gar so in die Rage,
D' meisten Schneider irzt hab'n Equipage.

2.

Doch eins tut mir am meisten weh',
Mir g'fall'n die Madln noch, wie eh',
Nur is es jetzt der Unterschied:
Ich g'fall' durchaus den Madln nit!
Mein Herz is jung, nur 's G'sicht is alt,
Das is grad, was in d'Augen fallt!
Ja, hätt' ich nicht mein Geld vertan,
Da wär' ich noch a schöner Mann;
D'Madln sageten: »Der liebe Narr
Is höchstens sechsundzwanzig Jahr'!«

SW II,104 f.

Neunzehnte Szene

Die Vorigen; Knieriem.

K n i e r i e m.

1.

Herr Wirt, ein' saubern Slibowitz,
Ich hab' jetzt grad auf einen Sitz
Drei Hering' pampft in mi hinein,
Drauf trunken a vier Halbe Wein,
Hernach hab' ich ein' Heurig'n kost't,
Acht Würsteln und sieb'n Seitel Most,
Dann friß ich, denn das war nit gnu',
Fünf Bretzen und ein' Kas dazu,
Drum möcht' i irzt, denn ich hab' so Hitz',
Mich abkühl'n mit ein' Slibowitz.

2.

Das is bei mir ein seltner Fall,
Auf Ordnung halt' ich allemal,
Ich trink', mag's, wie es will, schon sein,
Vor sechse in der Fruh kein' Wein,
Und heimgehn tu' i, da bleibt's dabei,
Abends zwischen neune und zwischen drei.
Viel untereinand' auch trink' ich nie,
Als höchstens Branntwein, Wein und Bier,
Drum bin ich fest und krieg' kein' Spitz
Von fufzehn Glaseln Slibowitz.

3.

Kein Mensch kennt, wie ich, sein' Natur,
Für all's brauch' ich die rechte Kur,
Gestern hab' i, weil ich heisrig war,
's Weib g'wixt, g'lärmt, g'scholten wie a Narr;
Jetzt heut' is 's Weib voll blaue Fleck',
I g'spür' nix, d'Heisrigkeit is weg;
Und hab' ich mir den Mag'n verdurb'n,
So beutl' ich nur den Schusterbub'n,
Das bringt mich in a leichte Hitz',
Herr Wirt, a Glasel Slibowitz.

[...]

Zwanzigste Szene

Die Vorigen; Natzl.

N a t z l. Herr Meister!
W i r t. Herr Knieriem, der Bub sucht Ihnen.
K n i e r i e m. Was gibt's?
N a t z l. Sie sollen der Frau Meisterin –
W i r t. Der Bub lernt auch nie eine Art. Wirst 's Kapperl
   abnehmen?
N a t z l. Ich wüßt' nit, warum? Habt's neubach'ne Bretzen?
   *(Er nimmt sich eine Bretzen und wirft einen Groschen
   auf den Tisch.)* So, irzt bin ich so gut a Gast als wie jeder
   andere.
K n i e r i e m. Wart', Bub, morgen zahlt dein Buckel die
   Zech'!
N a t z l *(zu Knieriem).* Sie sollen der Frau Meisterin ein
   Marktgeld schicken, denn, sagt sie, heut' kommen S'
   b'soffen nach Haus, und morgen fruh haben S' wieder ein'
   Schlaf als wie a Roß.
K n i e r i e m. Herr Wirt, beuteln S' den Buben, ich hab'
   jetzt keine Zeit; und meinem Weib lass' ich sagen, in die
   Hauswirtschaft misch' ich mich nicht.
N a t z l. Wenn s' aber kein Geld hat, von was soll s' denn
   einkaufen morgen fruh?
K n i e r i e m. 's Maul haltst! Das Ging mir noch ab! Man
   plagt sich ohnedem hinunter wie ein Fiakerpferd, nacher
   schicketen ei'm noch die Weiber im Wirtshaus die Wirt-
   schaftsangelegenheiten über'n Hals. Kein' Kreuzer gib ich
   her.

N a t z l. Mir is recht, ein'kauft wird deßtwegen doch. Ich
trag' halt den Werkzeug auf'n Tandelmarkt, nacher haben wir Feierab'nd. (*Ab.*)

Einundzwanzigste Szene

Die Vorigen ohne Natzl.

S a u f a u s. So geht's, wenn man verheirat't ist! An allem
Kummer und Sorg' sein nur die Weiber schuld.
K n i e r i e m. Wahr is! Wie man Familie hat, kommt man
auf kein' grün' Zweig, man opfert sich rein auf. – Herr
Wirt, ein' Slibowitz! Ich wollt', der Komet wär' nit aus'-
blieb'n vor zwanzig Jahr', so hätt' alles schon ein End'.
S t e i n k o p f. Hören S' auf mit dem Kometen, da haben
Sie sich schön blamiert!
K n i e r i e m. Wer sagt denn das? Daß er ausblieb'n is,
für das kann kein Mensch. Kommen tut er deßtwegen
doch, ich weiß es aus die Berechnungen. [. . .]

Zweiundzwanzigste Szene

Die Vorigen. Frau Lenerl.

L e n e r l. Aber, lieber Mann, ich bitt' dich, was soll ich
denn anfangen? Ohne Geld –
K n i e r i e m. Was? Ins Wirtshaus gehst du mir nach?
G'hört sich das für ein honett's Weib, in die Wirtshäuser
umlaufen?
G ä s t e. Guten Abend, Madame Knieriem!
K n i e r i e m (*wild*). Augenblicklich –
W i r t (*ihn zurückhaltend*). Aber, Herr Knieriem –
L e n e r l. Ich bitt' dich, Mann –
K n i e r i e m. Na, wart' nur, dir halt' ich z'Haus eine
astronomische Vorlesung, daß alle Sternbilder an dir sicht-
bar werd'n!
L e n e r l (*äußerst sanft*). Aber ich hab' dich ja nur bitten
wollen, lieber Mann –
K n i e r i e m (*zu den Gästen*). Da hören S' die Sottisen, die
sie mir sagt, diese Furie!
G ä s t e (*Knieriem zur Räson bringen wollend*). Herr Knie-
riem!
L e n e r l. Wir haben alle zu Haus nix z'essen, wenn du
kein Geld hergibst.

K n i e r i e m. Nix wird her'geben! Ich plag' mich eh', ich spar' mir's vom Maul ab – Herr Wirt, ein' Slibowitz!

L e n e r l. Mann, ich sag' dir's zum letztenmal –

K n i e r i e m *(aufspringend)*. Hinaus, oder ich vergreif' mich!

G ä s t e. Nur keine Rauferei!

Dreiundzwanzigste Szene

Gottfried; die Vorigen.

G o t t f r i e d *(in seinen Arbeitsanzug gekleidet, eintretend)*. Was is denn das für ein Lärm?! Vater? Mutter? Was soll's denn sein?

L e n e r l *(weinend)*. Dein Vater is a Tyrann! Er laßt mich und deine G'schwister verhungern z'Haus.

G o t t f r i e d. O, da wird gleich g'holfen sein! Ich hab' heut' zu Mittag mein' Wochenlohn kriegt, da hat die Mutter 's ganze Geld. *(Gibt ihr Geld.)* Ich hab' mir von der vorigen Wochen noch g'nug erspart.

L e n e r l. O, mein Gottfried, ich dank' dir tausendmal, du Herzenssohn, du! Du rett'st mich aus einer großen Not! *(Ab.)*

SW II,110–114.

Einen Eindruck von der Aufnahme und Wirkung der Fortsetzung des »Lumpazivagabundus« vermitteln zwei Ausschnitte aus Theaterkritiken.

Die »Theaterzeitung« schreibt am 8. November 1834:

»Herr Nestroy hat die schwierige Aufgabe, die Fortsetzung einer mit ungewöhnlich glücklichem Erfolge aufgenommenen Posse zu liefern, mit Glück gelöst. Auch der zweite Teil des ›Lumpazivagabundus‹, in welchem uns die ferneren Abenteuer des lustigen Kleeblattes Knieriem, Zwirn und Leim vorgeführt werden, erfreut sich sehr beifälliger Aufnahme. Erfindung und Zusammensetzung dieses Werkes ist zwar etwas lose und dasselbe entbehrt selbst in den beiden Hauptcharakteren des Schusters und des Schneiders jener scharfen Färbung, welche den ersten Teil bezeichnet, aber es fehlt nicht an drolligen Einfällen und Situationen und der erste Akt besonders bewegte sich recht lebendig und ergötzlich. Der zweite ist nicht ganz von demselben Leben beseelt. Doch unterhielt das Ganze, wie gesagt, und Herr Nestroy erhielt sowohl als Verfasser desselben wie als Darsteller lauten und verdienten Beifall. Er ward nach jedem Aufzuge gerufen. Die Darstellung ging mit Laune vor sich. Die belebenden Erscheinungen des Ganzen waren, wie natürlich, die Herren Nestroy und Scholz. Herrn Nestroys lebensgetreue Auffassung solcher Volkscharaktere kann seine Wirkung nicht verfehlen, denn sie trägt den Stempel der größten Wahrheit. Maske, Haltung und Sprachausdruck ist ganz der Natur abgelauscht und somit ergötzte denn auch heute die Erscheinung des liederlichen Knieriem in gewohntem Maße.«

SW II,687.

Der Kritiker der »Wiener Zeitschrift« äußerte sich am 11. November 1834 weniger positiv:

»Die Paraphrase des alten Themas: Der Apfel fällt nicht weit vom Stamme, welche aber auf den Beweis des Gegenteils hinausläuft und die Kinder der drei Brüder Liederlich: Zwirn, Knieriem und Leim, ungeachtet des bösen Beispiels, als ganz von der Art lassend, nämlich wohlgezogen und tugendhaft, darstellt. Die Erfindung der Fabel ist eben nicht glücklich noch neu und der Kontrast der sentimentalen Liebesszenen mit den burlesken Streichen Zwirns und Knieriems liefert weder ein gefälliges Bild, noch ist überhaupt eine Konsequenz in der Durchführung der Charaktere oder der Handlung zu bemerken; die Episoden sind durchaus abgenützt und mehrere in der Tat widerlich; inzwischen ist doch die Trivialität der Pièce eine etwas erträglichere, und viele recht treffende und frappante Einfälle sprechen neuerdings für das Talent des Herrn Nestroy, der nun einmal seine Figuren durchaus den Kneipen und untersten Klassen der Gesellschaft entnehmen muß, wenn seine Feder sich auf freie Weise bewegen soll. Es ist einleuchtend, daß er gerade dadurch einen wichtigen Einfluß auf Gesittung und Belehrung des von ihm gewählten Kreises ausüben könnte; allein leider versinkt er immer mehr in ein parodistisches Treiben, das einen augenblicklichen Kitzel der Lachlust bewirkt, ohne nachhaltig einen besseren Erfolg zu erwecken. Möchte doch Herr Nestroy anstatt des bequemeren Zaubers, durch welchen er so häufig den Knoten seiner Handlung durchhaut, lieber auf eine logische Entwicklung von Tat und Folge, auf Charakteristik, Zeichnung von Fehlern und dergleichen bedacht sein; dann könnte er seinem Fleiße einen Hintergrund geben, welcher seinen Stücken auch vor dem Forum der Kunst als Rechtfertigung dienen würde. Die heutige Novität, wiewohl sie hinter dem ›Lumpacivagabundus‹ unendlich zurücksteht, hat dennoch manches Gute und ist bei allem Überlei immer noch eine der besten Neuheiten der letzten Zeit; bei zweckmäßiger Kürzung und Ausmerzung der überflüssigen Liebeleien dürfte sie mehrere Wiederholungen erleben. Das Quodlibet am Schluß des ersten Aktes würde durch die Beseitigung eines bekannten, hier eben nicht schicklich erscheinenden Gassenhauers in keiner Beziehung etwas verlieren. Übrigens ist der zweite Akt bedeutend schwächer als der erste, und selbst die Couplets, sonst Herrn Nestroys Triumph, erschienen fühlbar matter; am gelungensten dürfte die Wirtshausarie mit Chor vom Untergang der Welt sein, zu welcher Herr Adolf Müller eine gute Komposition lieferte.«

SW II,689 f.

Den Übergang von der Stoff- und Entstehungsgeschichte zur Wirkungsgeschichte bildet neben Nestroys eigener Fortsetzung die Neugestaltung des Stoffes von Peter Henisch im 20. Jahrhundert.

5. »Lumpazimoribundus«

Peter H e n i s c h (geb. 1943) veröffentlichte 1974 »Lumpazimoribundus. Antiposse mit Gesang«. Schon Titel und Untertitel weisen auf die Veränderungen gegenüber dem »Lumpazivagabundus« hin.

Henisch behält die Handlung in großen Zügen bei und versetzt sie in die Gegenwart. Das Feenreich ist nur noch durch die Figur des »freien Geistes« Lumpazimoribundus vertreten (vgl. »Prolog«). Scheck, Glasl und Kuli, die Nachfolger von Leim, Knieriem und Zwirn, sind »Tramps, bzw. verkrachte Existenzen«, von denen Scheck die Rückkehr ins

scheinbar geordnete bürgerliche Leben gelingt. Als Bank-
kassierer vereitelt er am Ende einen Überfall von Kuli und
Glasl und erschießt beide.

prolog

*lumpazi taucht wie ein springteufel aus einer versenkung
auf.*

l u m p a z i. früher, zum nestroy seiner zeit oder lang davor, da war no des feenreich, aber des feenreich is un-
tergangen, wie a bleierne anten, da hat si herausgstellt,
daß die unsterblichen sterblich warn, und wia! i bin der
anzige überlebende, meine damen und herrn, a freier
geist.
lumpaziMORIBUNDUS, wenn i bitten derf, i hab mi um-
benannt. i bin der geist der erkenntnis, daß angesichts
des todes eh alles wurscht is. ma kann a haus baun, an
bam pflanzen, an sohn zeugen, a buach schreiben oder
mitn nackerten oasch übern teppich rutschen. im endeffekt
is alles ans.
des feenreich hat kan kometen nötig ghabt, um untergeh,
es is ganz von selber gsunken. die widersprüch dort waren nämlich derart groß, daß ma sie liaber gleich igno-
riert hat. allerdings warens dann auch so schwerwiegend,
die widersprüch, daß des feenreich aufn grund zogen habn.
unserer alten welt wirds wahrscheinlich ähnlich gehn, wir
werdn kan kometen brauchen . . .
wenn trotzdem aner kommt, so a zeigefinger des himmels,
dann erinnert er uns meist an das unvermeidliche. dann
san die zeitungen und die hosen voll, daß am end der
komet, wie immer er haßt, ihn vorwegnehmen könnt,
den letzten akt der menschlichen tragikomödie. der komet
zum jahreswechsel 73/74 haßt kohoutek, des hört si harmlos an, aber wer waß: für manche is er harmlos, für andere net – bei kometen kann ma nie wissen . . .
er versinkt lachend.

I,1
[. . .]

das ritornell des folgenden liedes beginnt, glasl, in einem
offensichtlich erfochtenen, etwa mitte der fünfzigerjahre
* modernen, jetzt aber sehr zernepften anzug, tritt auf.*

g l a s l. spät is wordn, orndtlich spät,
   am himmel steht zwar no ka komet,
   aber mei alkoholspiegel steht
   scho fast aufm nullpunkt – waßt was des haßt?
   an schas waßt,
   an schas waßt.
   an schas waßt.

   wenn dir die händ ins zittern anfangen
   wie a rehrattlerschwaf,
   dann stehst auf der saf, verstehst,
   dann stehst auf der saf –
   und rutschst aus und fallst um wennst net bald
   a beisl findst
   des di aufrecht halt.
   (setzt sich auf die bank neben scheck)

die musik verändert sich. kuli tritt von der selben seite ein.
er ist abgerissen, aber auf eine bewußt fesche art. trägt wie
scheck einen seesack, evtl. eine gitarre.

k u l i. wirklich wahr, es is scho spät,
   auf was i steh tät, wär a bett,
   a bett, aber net a bett alla,
   weil a bett is net alla zum schlafen da;

   auf was i steh tät, wär a bett,
   und a frau, bei der was eine geht,
   a frau, ganz wurscht, was für a frau,
   weil bei der nacht san alle katzen grau.

   was hocken denn da für a paar typen?
[. . .]

II,6
[. . .]

g l a s l. der glaubt net an den kometen, no der wird augen
   machen. i hab die sach nämlich scho lang heraus. das

astralfeuer des sonnenzirkels ist in der goldenen zahl des
urions von dem sternbild des planetensystems in das uni-
versum der parallaxe mittelst der fixsternquadranten in
die ellipse der ekliptik geraten. folglich muß durch die
diagonale der approximation der perpendikulären zirkeln
der nächste komet mit der welt zusammenstoßen. diese
berechnung is so klar wie schuhwix. freilich hat net jeder
die wissenschaft so im klan finger wie i. aber auch der
minder gebildete kann zum beispiel aus den zeitungen
genug sachen entnehmen, welche deutlich beweisen, daß
die welt nimmer lang steht. kurzum, oben und unten
sicht ma, es geht rein aufn untergang los.
*(während er in einer auf dem tisch liegen gebliebenen
zeitung blättert.)*

in washington sitzt a präsident,
der fast überhaupt kane skrupeln mehr kennt,
des is der mächtigste mann der wöt?
ma sicht, daß alls am ruin zuageht.

in nahost bewaffnen sa si bis aufd zähnd,
die waffenerzeuger reiben si d'händ,
die großmächte machen si a nix draus
und probiern halt neue raketen aus.

die großen konzerne hazen si zsamm
und putschen, weils vietnam nimmer ham,
so schlagt fürn allende die letzte stund
und a stückel hoffnung fürd welt geht zgrund.

mitn dubcek war des a ähnlicher dreh,
des is a weil her aber no net passé,
weil in moskau da sitzt a bürokratie,
die hat net viel über für demokratie.

und die demokratie in griechenland,
die macht ihrem namen erst recht a schand,
und der franco gerät in vergessenheit,
weil der stammt ja schon aus der nazizeit.

die araber tuan uns den ölhahn zuadrahn,
die ölfirmen habn ein interesse daran,
den dollar wertens zerst ab und dann auf,
und kaufen die welt im schlußverkauf.

und die heimische wirtschaft wird a berührt,
weil am preistreiben sans a da intressiert,
so wird sogar u n s in wien angst und bang,
die welt steht womöglich frank nimmer lang,
so wird sogar u n s in wien angst und bang,
die welt steht womöglich frank nimmer lang.

so könnt ma stundenlang weitersinnieren und kommert no
immer an ka end. und über die vielen politischen welt-
untergangszeichen möcht ma die andern glatt vergessen.
bitte – *(schlägt mit der hand auf die zeitung)* hungersnot
in afrika, heuschreckenplage in indien, überschwemmung
da, erdbeben dort ... a sekte steigt aufn montblanc und
wart aufn eisstoß, a gewisser noah bastelt si a archen –
mi gruselts.

Henisch: Lumpazimoribundus. Antiposse mit
Gesang. Eisenstadt/Wien/München: edition
roetzer / Thomas Sessler Verlag, 1974. S. 6 f.
und 28 f.

III. Dokumente zur Wirkungsgeschichte

»Der böse Geist Lumpazivagabundus oder Das liederliche Kleeblatt« – Nestroys 17. Stück von 83, darin als Knieriem seine 498. Rolle von 879 – wurde am 11. April 1833 im Theater an der Wien uraufgeführt und eroberte schnell das deutschsprachige Theater. Das Stück gehört zu den am meisten gespielten Possen Nestroys. Bis 1862 fanden im Theater an der Wien und im Theater in der Leopoldstadt in Wien allein 259 Aufführungen mit Nestroy statt, der einigemal auch die Rolle des Zwirn spielte. Zwischen 1862, dem Todesjahr Nestroys, und 1881, dem Jahr der bewußten Wiederbelebung seiner Stücke, ist über die Wirkung des »Lumpazivagabundus« wenig bekannt. Von 1881 bis 1944 fanden über 720 Aufführungen statt; dabei ist vielleicht die Aufführung des Stückes 1901 im Burgtheater als kleiner Beitrag zur Rehabilitierung des vielfach vergessenen Komödiendichters zu werten.

Selbst oder gerade in den negativen Kritiken wird deutlich, daß die Uraufführung des »Lumpazivagabundus« einen Wendepunkt in der Entwicklung des Wiener Volkstheaters bedeutet. Um 1830 sind in Österreich tiefgreifende soziale, ökonomische und politische Veränderungen zu beobachten, die ihren Niederschlag im kulturellen und literarischen Leben fanden. Man spürte, daß die »gute alte Zeit« des Biedermeier, der man natürlich noch nachhing, der Vormärz-Zeit gewichen war, in der man politisch bewußter und kritischer den Erscheinungen der Wirklichkeit gegenüberstand. Vor dem Hintergrund dieses Wandels, der Theaterbetrieb, Publikumsstruktur und Publikumsgeschmack beeinflußte, ist der große Erfolg des »Lumpazivagabundus« zu sehen. Man begrüßte in dem Stück die neue, satirisch-realistische Gestaltung der Wirklichkeit, die gleichwohl unterhaltend blieb. Einigen Kritikern war allerdings der zersetzende Charakter der Komik nicht geheuer. Sie fürchteten, das Plebejische und Proletarische Nestroys würde die Volksmassen anstecken und zu unüberlegten Handlungen anregen. Andere sehen in Nestroys Stück nur die Abrechnung mit der vertrauten Märchenwelt des Alt-Wiener Zauberspiels, das zuletzt Ferdinand Raimund in den Bereich hoher

Dichtung zu führen versuchte. Die im folgenden abgedruckten Texte – zum »Lumpazivagabundus« und zur Wirkung Nestroys – verdeutlichen die unterschiedlichen Positionen.
Die Wirkungsgeschichte der ersten Phase wird vor allem durch den Schauspieler Nestroy selbst bestimmt, dessen Wandel in der Darstellungsweise der Knieriem-Rolle wohl auch die unterschiedliche Rezeption und Wirkung mitbestimmte; Otto R o m m e l faßt zusammen:

»Am Beispiel der Darstellung des Knieriem – einer der Lebensrollen Nestroys – trat der Wandel der Darstellungsweise am deutlichsten in Erscheinung. Friedrich Schlögl (geboren 1821) hatte 1884 nur einen ›realistischen‹ Knieriem in Erinnerung, obwohl er sich rühmt, auch der Premiere beigewohnt zu haben. ›Welche Zeichnung lieferte er mit dieser Charge! Jeder Blick, jede Achselbewegung, jedes Zucken mit den Augenwimpern, jede Geste, jeder Schritt, jeder Ton, jedes Wort war abgelauscht, die unscheinbarste Nuance abgeguckt dem Vorbilde, das allerdings nur in den muffigsten Schenken zu finden.‹ Das war der realistische Knieriem der zweiten und vermutlich auch der dritten Entwicklungsepoche seines Darstellungsstils, nicht der Ur-Knieriem der Frühzeit, wie ihn z. B. noch Anton Langer (geboren 1824) kannte. Als im August 1846 Frdr. Beckmann in dieser Rolle den Wienern ›einen ruhigen, politisierenden, schnapsenden Berliner Handwerksburschen‹ vorspielte, da vermißte dieser Beobachter sofort das ›Kecke‹ der Darstellung Nestroys, ›das Zerrbild der ungeschlachten Gemeinheit, der liederlichen Trunkenheit, welches Nestroy hinstellte‹, der seither wohl schon ›weit Besseres geschrieben als den „Lumpazivagabundus", aber nichts Keckeres, Frischeres, Kräftigeres‹. (Wiener Theaterzeitung 8. VIII. 1846.) Offenbar dasselbe meinte ein anderer Kritiker, wenn er von der ›aufwallenden Kühnheit‹ des Nestroyschen Spieles spricht, die Beckmann fehle. Was da vorgegangen war, wird aus den Schilderungen Gutts deutlich. Er bemerkte im Sommer 1844, daß Nestroy den Knieriem anders spielte als in früheren Gastspielen.«

SW XV,187 f.

Die Rezeptions- und Wirkungsgeschichte Nestroys und seiner Komödien ist – bis auf die Hinweise in den Arbeiten Otto Rommels – noch nicht geschrieben. Hier sollen nur die

wichtigsten Etappen der Aufnahme seines Werkes skizziert
und ausschnittweise mit den im folgenden abgedruckten
Texten veranschaulicht werden.

Eine bis in unsere Tage erneuerte Auffassung, Nestroy sei
der Parodist und Zerstörer Ferdinand Raimunds gewesen,
leitet die erste Phase der Aufnahme Nestroys ein (um 1833
bis 1840). Die immer wieder betonte Polarität zwischen
Raimund und Nestroy verhinderte einen vorurteilsfreien
Blick (vgl. Seidlitz, Bauernfeld, Necker); positiv wie nega-
tiv wurde das Werk des einen an dem des anderen gemessen
(vgl. Schwarzenberg, Vischer). Ab 1840 mußte sich Nestroys
Werk dann gegen die moralisierende Kritik der ›Jungdeut-
schen‹ behaupten (z. B. Gutzkow), insbesondere aber gegen
jene, die seinen Possen den ›Volksstück‹-Charakter abspra-
chen, weil sie zu desillusionierend und zu kritisch seien.
Daneben setzte sich mehr und mehr eine positive Bewertung
durch, die Nestroys »moderne« Komik und seine »realistische« Darstellungsweise hervorhebt (z. B. Gutt). Inwieweit
die Wertungen oder Stellungnahmen von Nestroys Kollegen
(Kaiser, Costenoble) und literarischen Zeitgenossen (Seidlitz, Glassbrenner, Gutzkow) bis ins letzte glaubwürdig
sind, wieviel sie an Temporärem, nur für die damalige Dis-
kussion Geltenden, enthalten, kann heute schwer ausgemacht
werden. Dies gilt vor allem für die Darstellungen Friedrich
Kaisers. Interessant ist in diesem Zusammenhang auch die
wechselnde Haltung Hebbels Nestroy gegenüber.

Nestroys Tod (1862) setzte den nächsten Einschnitt in der
Rezeption. Man glaubte, daß die Aufführung seiner Stücke
ohne ihn als Träger der Hauptrolle unmöglich und wir-
kungslos sei. Aber obwohl sich der Spielplan der Vorstadttheater schon vor 1862 durch fortschreitende Kommerzialisierung des Theaterbetriebs und andere Sozialstruktur des
Publikums entscheidend verändert hatte und Operette und
Schwank auf dem Theater vorherrschend wurden, spielte
man weiterhin Nestroys Possen, allerdings vielfach in der
Form harmloser Unterhaltung. Eine bewußtere Wiederbelebung setzte nach 1880 ein, eine erste Renaissance erlebte
das Werk Nestroys dann angeregt durch Karl Kraus, der
die »Nachwelt« auf den vergessenen Satiriker aufmerksam
machte. Heute neigt man dazu, Kraus' Position, die ja das
Theatralische bei Nestroy vernachlässigt und das Sprach-

liche verabsolutiert, wieder zu relativieren. Nestroys Modernität wird gerade zu der Zeit erkannt, in der das moderne deutsche Drama zu entstehen beginnt. Den Höhepunkt der Wiederentdeckungswelle markiert das Entstehen der Historisch-kritischen Gesamtausgabe (1924–30). Eine erneute Nestroy-Renaissance ist seit 1945 zu beobachten. Mehr als die Hälfte seiner Stücke wurde seitdem wieder aufgeführt. Die Kritik sieht in Nestroy einen Ahnherrn des modernen Theaters, einen Vorläufer Ödön von Horváths, Bertolt Brechts und Friedrich Dürrenmatts. Gleichzeitig fällt der Blick aber auch auf Nestroy als Erben des Barocktheaters und als spezifische Erscheinung des literarischen Lebens zwischen Biedermeier-Zeit und Realismus.

1. Zum »Lumpazivagabundus«

Zwei Tage nach der Uraufführung schreibt die »Theaterzeitung« am 13. April 1833:

»›Vorgestern den 11. d. M. wurde zum ersten Male zum Vorteile des Herrn Nestroy ein von demselben verfaßtes Zauberstück in drei Akten unter dem Titel „Der böse Geist Lumpazivagabundus oder Das liederliche Kleeblatt" zur Aufführung gebracht. Der Stoff ist größtenteils der Weisflogschen Humoreske „Das Lotterielos" entnommen und bereits auch in einer anderen Bearbeitung, welche vor längerer Zeit mit nicht ungünstigem Erfolge auf der Leopoldstädter Bühne gegeben worden war, bekannt geworden. Drei liederliche Handwerksgesellen, der Tischler Leim, der Schneider Zwirn und der Schuster Knieriem gewinnen in der Lotterie 100.000 Taler. Die letzteren zwei bringen ihren Teil durch, nur der Tischlergeselle wendet denselben zur Gründung einer heiteren Zukunft durch stilles häusliches Glück an. In der gegenwärtigen Darstellung wurde als allegorisches Zwischenspiel ein Kampf der Beherrscherinnen der Liebe und des Glücks mit der Handlung verwebt, durch deren Vermittlung am Schlusse auch die zwei anderen liederlichen Subjekte gebessert werden. Der Erfolg, welcher dieser Zauberposse zuteil wurde, war durchaus ein günstiger, und das verdientermaßen. Es kann hierbei nicht die Rede

sein, an eine Pièce, welche durch die Firma „Zauberposse"
jede strengere Kritik entwaffnet, ernste Forderungen zu
stellen, wenn sie nur ihren Zweck, ein paar Stunden angenehm zu unterhalten, erfüllt. Und dies muß ihr unbedingt zugestanden werden. Die Handlung ist interessant
und recht lebendig, der Dialog launig und insbesondere von
allen indezenten Scherzen freigehalten, welche uns leider
so oft bei den neuesten Lokalpiècen als Surrogat echten
Witzes aufgetischt werden, die Situationen sind gut angelegt und benützt, vorzüglich sind es aber mehrere der
eingelegten Liedtexte, welche dieser Posse noch viele Wiederholungen zusichern dürften. Wir nennen davon das komische Terzett „Eduard und Kunigunde" im ersten, das
Quodlibet des Herrn Scholz, der Dlles Zöllner und Weiler
im zweiten und zwei Arien der Herren Scholz und Nestroy
im dritten Akte. Sie mußten sämtlich wiederholt werden.
Herrn Nestroys Lied über den Untergang der Welt, ein
Scherz voll der witzigsten und zeitgemäßesten Pointen,
machte Furore. Er wurde dabei fünfmal gerufen und gab
die ersten Male stets neue Strophen zum besten. Über das
Spiel der Hauptpersonen dürfen wir uns in jeder Beziehung günstig äußern. Die Herren Scholz (Zwirn), Nestroy
(Knieriem) und Carl (Leim) gestalteten die entgegengesetzten Charaktere des liederlichen Trifoliums mit der ergötz-
lichsten Laune. Es gewährte einen eigenen Reiz, diese drei
trefflichen Komiker, so ganz verschieden in ihrer Spielweise, zusammenwirken zu sehen. Meisterhaft wurde von
denselben der Moment, in welchem sie den Gewinn des
großen Loses erfahren, gegeben. Herr Scholz besonders
spielte mit einer Lebendigkeit, welche glänzend von seiner
gewöhnlichen drollig-phlegmatischen Darstellungsweise ab-
wich, aber in allen Szenen die höchste Wirksamkeit her-
vorbrachte. Das Parodieren des seriösen Operngesanges in
dem Quodlibet-Terzette war köstlich und erregte stürmi-
schen Beifall. Die Darstellung des Herrn Nestroy war im
Spiel und Gesang originell und erwarb ihm, da sie sich
durchaus nicht über die Grenzlinien des Wahren und De-
zenten hinauswagte, lauteste Anerkennung. Die Dlles Zöllner und Weiler sangen im Quodlibet recht brav und gefielen ganz vorzüglich. Alle übrigen Partien waren bloß
Nebenrollen. Die Musik von Adolf Müller war sehr heiter

und angenehm. Ihr Gelungenstes darf wohl das Nestroysche Lied genannt werden. Der Benefiziant machte eine
sehr gute Einnahme und dankte, am Schlusse hervorgerufen,
auf originelle Weise. Die Direktion wird ohne Zweifel
mit dieser allgemein beifällig aufgenommenen Novität
noch viele volle Häuser machen.‹«

SW II,666–668.

»Am 29. April berichtete dieselbe Zeitung: ›Am 12. April
fand die zwölfte Wiederholung des Zauberspieles „Der
böse Geist Lumpazivagabundus“ bei überfülltem Hause
statt. Wir gebrauchen das Wort „überfüllt“ hier ohne Über-
treibung, denn bei diesem Stücke trat der unerhörte Fall
ein, daß in dem größten Theater Wiens in den ersten zwölf
Vorstellungen jedesmal alle Logen und Sperrsitze genommen und der Besuch der übrigen Plätze mit den beiden
genannten im besten Einklange war. Wir müssen aber auch
gestehen, daß dieses Produkt der Laune des wahrhaft ge-
nialischen Nestroy ohnstreitig das beste ist, was aus seiner
Feder geflossen, sowie auch das vorzüglichste in diesem
Genre, das wir seit längerer Zeit in Wien sahen. Mit dem
durchaus gelungenen Stück hält auch die Darstellung gleichen Schritt, und hier entfaltet sich recht eigentlich die
Kraft dieser Bühne im Gebiete des Komischen. Denn abgesehen davon, daß das Stück von dem umsichtigen Direktor dieses Theaters, Herrn Carl, mit vorzugsweiser Auf-
merksamkeit, welche in dem kleinsten Detail zu erkennen
ist, in Szene gesetzt wurde, können wir auch mit Recht
behaupten, daß keine Bühne im komischen Gebiet ein solches Kleeblatt wie Carl, Scholz, Nestroy aufzuweisen hat.
Als Beweis der überaus sorgfältigen Besetzung möge dienen,
daß der beliebte Komiker Herr Hopp sowohl als auch der
fleißige Schauspieler Herr Stahl in Rollen zweiten und
dritten Ranges darin beschäftigt sind. Nach dem Quodlibet, welches den Schluß des zweiten Aktes bildet, mußte
beinahe jedesmal die Gardine wieder in die Höhe gezogen
und das Quodlibet wiederholt werden, sowie der beliebte
Komiker Nestroy bei seinem witzigen Liede im dritten
Akte in jeder Vorstellung fünfmal gerufen wurde.‹«

SW II,668 f.

»Im ›Sammler‹ berichtet der alte Volkstheaterdichter Karl
Meisl am 20. April 1833: ›Der Verfasser, dessen Anonymi-
tät die theatralische Fama nicht so achtete, als wir es in
unserem Aufsatze zu tun gesonnen sind, obwohl wir den
dramatischen Vogel an seinem Gesange erkennen, benützte
bei der in Rede stehenden Zauberposse einen Stoff, der in
Weisflogs „Lotterielos" enthalten, Veranlassung zu schon
älteren Bearbeitungen wurde. Eine davon ist Gleichs „Maurer, Tischler und Schlosser" (sic!) mit der gelungenen Musik
von dem talentvollen und leider jetzt wenig beschäftigten
Herrn N. Thomas Nidetzky, welche im Leopoldstädter
Theater zu den stehenden Volksstücken gehört. Die gegen-
wärtige Bearbeitung ist unstreitig die gelungenere. Einen
besonderen Takt bewies der Verfasser bei der Anwendung
des eigentlichen Zauberspiels, welches einer kurzen Vorrede
zu einem gediegenen Buche gleicht. Das Stück besitzt gerade
die rechte Portion Zauberei, welche zur Motivierung der
Handlung notwendig ist. Ein höheres Verdienst würde
der Verfasser jedoch sich erworben haben, wenn er sich
auch dieses Werkzeug entbehrlich gemacht hätte, welches
gegenwärtig zum Spielzeug geworden ist. Bei dem Talent,
welches der Verfasser in diesem Stücke für Schilderungen
aus dem Leben gegriffener Volksszenen verrät, sollte derselbe die volksdramatische Richtung, ein Feld, nehmen,
welches, von geschickten Händen bebaut, unerschöpfliche
Saat für das Lokaltheater verspricht. In den Gesangstexten
sucht der Verfasser seinen Meister. Ein Quodlibet-Terzett
mit Begleitung des Chores am Ende des zweiten Aktes
mit Motiven aus „Zampa", „Fest der Handwerker",
„Montecchi und Capuletti" ist äußerst gelungen und ge-
reicht sowohl den Solostimmen (Herr Scholz, Dlles Zöllner
und Weiler) als dem Chorpersonal zur Ehre, eine Parodie
der ernsten Opernfinale, die vorzüglich durch Herrn Scholz'
bausbackigen Gesang auf das Drolligste hervorgehoben
wurde. Ebenso gelungen ist ein Lied des Herrn Scholz im
dritten Akt, dann eines des Herrn Nestroy über den Untergang der Welt in eben diesem Akt. Herr Nestroy mußte
dieses Lied auch bei der zweiten Vorstellung wiederholt
singen. Dieses Lied ist voll Witz und beißender Sarkasmen
und dürfte allein schon dem Verfasser zum Verräter werden. Die Darstellung des Stückes geschah mit einer Laune,

die über alles Lob war. Die Herren Carl (Tischler), Scholz (Schneider) und Nestroy (Schuster) wetteiferten um den Beifall des in so großer Zahl erschienenen Publikums. Die Szene, wo das liederliche Trifolium den Gewinn von 100.000 Talern erfährt, wurde besonders durch Carl effektvoll. Die Szene, wo Scholz als fashionabler maître tailleur erscheint, erschöpft durch sein komisches Spiel die Lachmuskeln. Überhaupt zeigt Scholz in diesem Stücke wieder die Macht seiner vis comica. Herr Nestroy ergötzt in seiner Eigenart. Die Dlles Zöllner und Weiler verdienen mit Lob erwähnt zu werden. Schade, daß letztere bei einer angenehm und rein klingenden Stimme ihr Spiel nicht zu beleben weiß. Die übrigen treten zu wenig hervor. Das Publikum nahm die Novität mit einem Beifall auf, der seit langer Zeit keiner ähnlichen Gattung Komödie gespendet wurde.‹«

SW II,669–671.

Am 27. April 1833 schrieb der »Sammler«:

»Nebstbey hat diese Dichtung das seltene Verdienst einer rein moralischen Tendenz, und glänzt durch die noch seltenere originelle Grundidee unter Hunderten seines Gleichen strahlend heraus. [...] Nach manchen angenehmen Episoden, bewirkt endlich die Liebe, was keine andere Gottheit vermochte; sie heilt die Verschwendungssucht der beyden übrigen Burschen, indem sie ihnen ein Paar Weiber und zwey liebliche Kinder schenkt, an deren Seite wir die drey nunmehrigen Meister in der letzten, frappant-schönen Szene in friedlicher Eintracht den Feyerabend heiligen sehen.«

Zitiert nach Diehl. S. 65 f., Anm. 66.

Der Kritiker der »Wiener Zeitschrift« urteilt am 2. Mai 1833:

»›Wenn ein Theater einmal die mühselige, Opfer kostende Richtung eines ernsten Kunststrebens als seinem Interesse und seinen Kräften wenig entsprechend aufgegeben und sich dem flüchtig vorüberrauschenden Tagesgeschmack mit allen seinen Launen und Widersprüchen in die Arme geworfen hat, dann muß jeder Erfolg, der über eine Woche hinaus-

Szenenbild mit Nestroy als Knieriem, Karl Carl als Leim und Wenzel Scholz als Zwirn. Aquarell von Johann Christian Schoeller, 1834

dauert, als ein seltener Glückstreffer in der gewagten Lotterie betrachtet werden. Ein solcher Treffer ist das vorliegende Stück, das, nach seinem bisherigen Schicksale zu urteilen, die verschüchterten Schutzgötter des Hauses auf längere Zeit auf ihren Platz zu führen verspricht. Der Verfasser, der zugleich ein tätiges und verwendbares Mitglied dieser Bühne ist, hat dieselbe seit mehreren Jahren mit seinen Arbeiten, freilich mit sehr ungleichem Glücke, beschenkt, aber von allen Verfassern, die ihre Erzeugnisse diesem Boden anvertrauten, den meisten und dauerndsten Erfolg gehabt. Sein letzter Versuch, die jetzt täglich und bei immer ausverkauftem Hause aufgeführte Zauberposse, scheint sich als sein gelungenster zu bewähren und wir wünschen ihm wie der Bühne Glück dazu. Der Inhalt des Stückes ist höchst einfach. Wir können daher, ohne uns mit dem etwas langweiligen Zauber- und Geisterprologe, der dem Ganzen eine gewisse moralische Tendenz beibringen will, zu befassen, die Handlung mit ein paar Worten andeuten.‹ Darauf folgt eine knappe Inhaltsangabe, worauf der Kritiker fortfährt: ›Natürlich hat der Zuschauer vor allem darauf zu sehen, mit wem er es hier zu tun hat, und ein Blick auf die handelnden Personen wird ihm genügen, seine Kunstforderungen zu der Sphäre herabzustimmen, in die er eingeführt wird. Ein Tischler-, ein Schneider- und ein Schustergeselle sind hier die Repräsentanten der Welt, von der die Bühne ein Spiegel ist. Mehr zu verlangen als eben einen Tischler-, einen Schneider- und einen Schustergesellen, wäre eine Forderung, die wenigstens der Spiegel nicht erfüllen könnte. Zeigt er sie in ihrer wahren, dabei aber belustigenden Gestalt, so tut er alles, was er tun kann, alles, was der Zuschauer erwarten darf. Wer etwas anderes, Höheres begehrt, der bleibe lieber weg! Kommt er aber, so ärgere er sich nicht, daß in der Dorfschenke keine Herzoginnen tanzen. Unter den drei Helden des Stückes ist der Schneider mit besonderer Vorliebe behandelt. Der Verfasser des Stückes muß sich den Darsteller der Rolle, Herrn Scholz, schon im vorhinein als das Ideal eines Bügeleisenhelden gedacht haben, so vollkommen hat er alle Züge diesem ergötzlichen Komiker angepaßt. Den Schuster stellt Herr Nestroy selbst dar. Die Farben zu diesem niederländischen Bilde sind wohl ein wenig dick aufgetragen. Allein

sie wirken auch danach und es wäre ungerecht, hier eine
allzu haarscharfe Linie ziehen zu wollen. Die fixe Idee
dieses Schustergesellen von der Astronomie und dem Un-
tergange der Welt durch den Kometen ist so komisch gebracht und gibt zu einem höchst wirksamen Liede Anlaß,
welches an Witz und Humor wohl die gelungenste Stelle
des ganzen Stückes ist. Auch ein Quodlibet, von Herrn
Scholz und Dlles Zöllner und Weiler gesungen, ist sehr
glücklich erfunden und gefällt fortwährend durch den Vortrag der Darsteller. Der dritte Handwerksgeselle, ein Tischler, von Herrn Carl gespielt, ist am mindesten bedacht und
durch einen beinahe sentimentalen Ernst zu geringerer Wirkung verurteilt. Die übrigen, äußerst zahlreichen Personen
des Stückes treten weder durch den Umfang noch durch
die Wichtigkeit ihrer Rollen genug hervor, um eines ausführlichen Berichtes zu bedürfen.‹«

SW II,671–673.

Der Burgschauspieler Carl Ludwig C o s t e n o b l e notiert am 16. April 1833 in sein Tagebuch:

»La Roche kam und war sehr empört über die Vorstellung
einer Posse, die er im Theater an der Wien gesehen. Das
Stück ›Lumpacivagabundus‹ von Nestroy gefiel seiner erz-
komischen wenn auch äquivoken Einfälle wegen, nicht nur
dem Publicum, sondern auch uns Mitgliedern des Burgtheaters. La Roche war der Einzige, der die Nase rümpfte
und meinte, so etwas gehöre in die Hanswurstbude. – Diese
weimarische, schöngeistige Zimpferlichkeit wird La Roche
in Wien bald ablegen.«

Weiter schreibt er am 3. Juni 1833:

»Ich sah heute im Theater an der Wien ›Lumpacivagabundus oder das liederliche Kleeblatt‹ von Nestroy, der einen
Menschen gemeinster Natur trefflich darstellte und ein
Couplet charakteristisch vortrug. Schade, daß er die Charla-
tanerie nicht lassen kann, nach jeder Strophe abzugehen, damit er ja wiederholt gerufen werde. Scholz ist ein trefflicher
Komiker, der selbst dem Gemeinen die Firnis des Gemüth-
lichen aufzutragen versteht.«

Costenoble: Aus dem Burgtheater. 1818–1837.
Tagebuchblätter. Bd. 2. Wien: Konegen, 1889.
S. 154 und 158 f.

Aus den Akten der Polizei- und Zensur-Hofstelle:

»20. Dezember 1834. Buchdrucker Wallishaußer bittet um
Prüfung des zum Drucke eingereichten Theaterstückes ›Lumpacivagabundus‹ von Nestroy, das manche Erweiterungen
enthalte, die der Verfasser als Verbesserungen oder zur
größeren Verständlichkeit nötig glaubt. Dem Verleger müsse
es selbst erwünscht sein, daß jede Unanständigkeit oder
unsittliche Andeutung vermieden bleibe. Daher sei das
Manuskript von dem Verfasser nochmals der sorgfältigsten
Durchsicht unterzogen worden. ›Das in Rede stehende Stück,
ein Volksstück, soll als solches jeder Unschicklichkeit fremd
bleiben, verlangt aber eine derbere Volkssprache und größere Deutlichkeit, als ein Stück für ein auserlesenes Burg-
theater-Publikum. Welche Modifikationen sind dennoch
auch dort in manchen Sujets, wie Götz v. Berlichingen und
in mehreren Shakespeareschen Stücken ganz anderer Art
gemacht worden, nicht weniger in politischer Beziehung in
Raupachschen Produkten. Das alles komme hier nicht zur
Rede, sondern hauptsächlich die gewöhnliche derbe Volkssprache, die auf die Lachlust zielt, wobei noch zu bemerken
wäre, daß ein gedrucktes Exemplar bei weitem nicht im-
stande sei, die Wirkung einer Aufführung zu erreichen.‹
Nach Prüfung des Manuskriptes durch die Zensoren Ber-
nard und Deinhardstein wurde das Stück zum Druck zugelassen.«

Zitiert nach Karl Glossy: Zur Geschichte der
Theater Wiens III. In: Jahrbuch der Grillparzer-Gesellschaft. 30 (1930) S. 90 f.

Julius S e i d l i t z schreibt 1837 in »Die Poesie und die
Poeten in Österreich im Jahre 1836«, Nestroy unter anderem
den »Napoleon der Gemeinheit« nennend:

»Einen Namen muß ich noch nennen, der selbst seit einiger
Zeit im Auslande genannt ist, und den man dort beinahe
für ein Talent hält. Dieses kömmt aber daher, weil nur jene
Stücke auf die ausländischen Bühnen übergehen, welche in
Österreich Furore machen und solcher waren unter der großen Masse seiner Produkte nur zwei. Ich glaube man hat
schon errathen, daß ich Nestroy meine. Seinen ›Lumpacivagabundus‹ könnte man beinahe gut nennen, insofern man

eine Poesie der Gemeinheit annehmen will, denn wenn dem
Stücke auch jedes edlere Element fehlt, so müssen wir dieses
vergessen, weil wir keine Zeit haben, ernst zu sein. Die
Komik springt dabei wie ein Schalksnarr in allen Ecken
herum, aber das Laster zeigt sich zu ekelhaft, zu abscheulich,
es ist eine Dirne, welche schon alle Schaam verloren hat.
Das Stück ist voll Witz und Leben; aber weder Geist noch
Gemüth, nicht ein Funke von Sittlichkeit zeigen sich darin,
es ist ein Drama für betrunkene Hetären. Welchen Hanswurst hat Nestroy, der Hanswurst-Fabrikant, aus der treuen
ehrlichen Zwickauer Seele gemacht!
Armer Weisflog so maltraitiert zu werden, hast du gewiß
niemals gedacht.
Wo ist das Gemüthliche, das uns in der Weisflog'schen Erzählung so durch und durch erwärmt! jene liebenswürdige
Fidelität des Kleeblattes, welche sie in unseren Augen nicht
zu tauglichen und nothwendigen Bewohnern einer Correc-
tionsanstalt stempelt? Keine Spur ist davon in dem Mach-
werke von Nestroy zu finden. Der Tischler allein nimmt
einen Anlauf dazu, bleibt aber auf halbem Wege wie ein
schwindsüchtiger Esel stehen. Der Schneider erregt in seiner
Glorie nicht Lachen, nein, man hat vielmehr Mitleid mit
der Bornirtheit dieses Menschen, der im Grunde doch ein
seelenguter Kerl ist; aber der Schuster, dieser ekelhafte
Fuselmensch – pfuy Herr Nestroy, aus welcher Branntwein-
kneipe haben Sie diesen Charakter und das Original Ihrer
Darstellung geholt? Wenn es in dem Stücke auch nur eine
Idee gäbe, durch deren Adern ein edleres Blut rollte, deren
Herz von einer schönen menschlich reinen Neigung ge-
schwellt würde, ich möchte nicht den Schwefelregen des Ta-
dels auf dieses Sodom und Gomorrha der Gemeinheit her-
abstürzen, aber so – auch nicht *ein* Gerechter. Muß man auch
das Stück vom ästhetischen Gesichtspunkte aus zum Tode
verdammen, so ist es doch wieder ein gewisses Etwas, welches uns einige Momente darin dennoch beinahe liebgewin-
nen läßt. Ich meine jene Scenen, wo der Charakter nicht als
Individuum, sondern als Repräsentant einer ganzen Gattung
auftritt. Da sind es dann ächte Züge des Volkslebens, welche
vor uns vorüberziehen, und man könnte sie vortrefflich
nennen, wenn nicht eine Schlammlavine von Gemeinheit
sie im nächsten Augenblicke begrübe. Norddeutschland, das

prüde Geschöpf mit dem kurzen engen Mäntelchen der Sittsamkeit, ist bei dem Stücke aus seiner Rolle gefallen, und hat auch dabei gelacht, ja es hat es auch sogar hübsch gefunden! Glaube einer nun noch den frommen sittsamlichen Männern mit ihrer fischbeinernen Consequenz. [. . .]

Diejenigen, welche jetzt für das Volkstheater schreiben, sind nicht die Dichter der Volkssitten, sondern der Volksunsitten. Statt das Laster niederzuschmettern, heben sie es heraus, und meinen es zu besiegen, wenn sie es lächerlich machen. [. . .] Die Volksbühne sollte eigentlich niemals das grobsinnliche Laster darstellen, denn giebt sie es in seiner Nacktheit, so schreitet sie aus den Gränzen der Poesie und wird zum abscheulichen Paragraphe des Strafgesetzbuches; macht sie das Laster zur Poesie, dann ist es doppelt gefährlich. [. . .]

Man findet eine merkwürdige Stufenreihe bei den drei bedeutendsten österreichischen Volkstheaterdichtern. Bäuerle hat die Thorheit gegeißelt, Raimund das beginnende Laster entlarvt, und Nestroy führt uns schon in die Höhlen des Jammers und des Lasters.

In Hinsicht dieser Volkstheater besteht ein merkwürdiges Mißverhältniß zu der Literatur. Während in allen übrigen Fällen die Censur mit Schärfe und Kraft jede Äußerung unterdrückt, welche auf den moralischen Zustand des Volkes auch nur den geringsten Einfluß haben könnte, wimmeln diese Volkspossen von unzüchtigen Reden; Säufer und Taugenichtse aller Art spielen die Hauptrollen. Moralität und Kunst verhüllen weinend ihre Häupter und klagen über Entehrung.«

Seidlitz: Die Poesie und die Poeten in Österreich im Jahre 1836. Grimma: Gebhardt, 1837. S. 182–184 und 186–188.

Ursula D e c k untersucht in ihrer Arbeit über den Zwirn-Darsteller Wenzel Scholz die Darstellungselemente und die Komik von Scholz und Nestroy; sie kommt unter anderem zu folgenden Ergebnissen:

»In den drei Hauptgestalten fand sich der Mensch des Vormärz bestätigt, dessen depressiver Grundcharakter sich hinter einer oft lauten und daher suspekten Lebensfreude verbarg.

Leim sieht einem lustigen Kerl gleich, ›aber das is alles nur
auswendig‹, betont er; in Gedanken macht er alleweil sein
Testament (I,6).
Zwirn hat eine ›Herzensangst und Bangigkeit‹ in sich; er
kann die guten Tage nicht ertragen, und Knieriem trinkt,
denn wenn er sich seinen ›Verdruß net versaufet‹, müßt er
sich ›aus Verzweiflung dem Trunk‹ ergeben.
Leichtsinn beim einen, Flucht in die Astronomie beim an-
deren sind die Kompensationserscheinungen von Zwirns und
Knieriems Depressionen. [. . .]
Die Rollen Zwirn und Knieriem wurden von Scholz und
Nestroy drastisch angelegt, wobei der Hauptakzent bei
Scholz auf der Bewegung, bei Nestroy auf der Mimik lag.
Vergleichen wir nun die darstellerischen Ausdrucksmittel
der beiden Künstler mit einander, so stellen wir fest, daß
sie nur bei oberflächlicher Betrachtung kaum differieren.
Trotz starker parodistischer Färbung behielt Scholz' Komik
realistische Züge bei, d. h. sie blieb ›naturwahr‹ wie die
Komik Ignaz Schusters und Ferdinand Raimunds. Bei Nestroys ›kolossaler Komik‹, seiner grotesken Outrance hingegen, wurde das Wirklichkeitselement so weit reduziert,
daß ihr – laut Gutt – der ›menschliche Boden‹ fehlte und
Knieriem zur ›abstrakten Liederlichkeit‹ wurde.
Die Überraschung, die Desillusion, die von Nestroys Komik
ausging, beruhte auf seiner kritischen, pessimistischen Lebens-
einstellung, während die belustigende Komik eines Scholz
mit der Unvollkommenheit der Welt versöhnte.
Im Zusammenspiel der beiden Künstler mag auffallen, daß
das von Natur aus phlegmatische Temperament eines
Scholz in ständiger Bewegung zum Träger der aktiven Komik wurde, und daß Nestroys Knieriem zwischen Schwer-
fälligkeit und Agilität hin und her pendelte und im steten
Wechsel elektrisierte. Diese Akzentverlagerung wirkte neu
und wurde von der Kritik begrüßt.«

Deck: Wenzel Scholz und das Alt-Wiener
Volkstheater. Ein Beitrag zur Geschichte der
Wiener Volkskomik. Diss. Wien 1969 [Masch.].
S. 164 und 175.

Die wohl zuverlässigsten Beschreibungen der Schauspielkunst
Nestroys und der Wirkung seiner Stücke stammen von

dem Prager Theaterkritiker Bernhard G u t t , der im Jahre
1844 Nestroys Prager Gastspiel beobachtete. Seine in der
Prager Zeitschrift »Bohemia« erschienenen Rezensionen hat
Karl Kraus 1924 vor der Vergessenheit gerettet und unter
dem Titel »Ein zeitgenössischer Kritiker Nestroys« in seiner
Zeitschrift »Die Fackel« veröffentlicht:

»Sonntag den 28. gab Herr Nestroy seine vorletzte
Gastdarstellung, den Schuster Knieriem in seiner Zauberposse ›der böse Geist Lumpacivagabundus oder: das liederliche Kleeblatt‹. In dieser Rolle zeigte sich am deutlichsten
die Entwickelung, welche Nestroy's eminentes Talent genommen hat. Sonst gab er diese Rolle mit der kolossalsten
Komik, mit einer alle Schranken durchbrechenden Energie;
aber es fehlte ihr der menschliche Boden, es war die abstrakte Liederlichkeit, die in sich kein Vermögen hatte, sich
aus dem tiefen Sumpfe der Gemeinheit zu erheben. Jetzt
hat Nestroy hie und da die Farben gemildert, ohne die
Rolle umzugestalten; was ihr aber ein ganz neues Ansehen
gibt, ist der von Anfang bis zu Ende durchklingende Ton einer gewissen Biederkeit, die selbst in dem wüstesten Leben
nicht untergeht. Hiedurch hat er den Charakter für die Wirklichkeit gerettet und den Punkt gewonnen, an den er seine
spätere Besserung, der Zuschauer seine Teilnahme knüpfen
kann. Die komische Kraft hat durch diese Vermenschlichung
nicht verloren, sondern gewonnen, denn unser Widerwille
thut nicht mehr, wie sonst, gegen jeden drastischen Effekt
Einsprache. Die Scenen des dritten Aktes, welche sonst einen
Eindruck machten, der an Ekel gränzte, gewannen jetzt
durch den Ton einer unüberwindlichen Bonhommie ein Interesse ganz anderer Art. Auch bot Herr Nestroy weniger
äußere Mittel auf, als sonst, was besonders in der Rausch-
scene des genannten Aktes der Fall war; aber die erzielte
Wirkung war dennoch intensiver, weil wahrer. Herrn Nestroy's Komik strömt nicht mehr so überschäumend dahin,
als sonst, aber sie hat sich ausgetieft und ist eben darum
mächtiger geworden. Als Coupletsänger feierte Herr Nestroy
am 28. einen Triumph. Er mußte zu dem Sternenliede unter
stürmischem Beifalle noch drei Strophen singen. ›Lumpacivagabundus‹ ist bei uns eine mittelgute Vorstellung. Die
beiden andern Blätter des liederlichen Kleeblattes Leim
und Zwirn gaben die Herren Liebold und Dolt. Das Haus

war nur mittelmäßig besucht, der Beifall aber – außer nach
dem Schluße – sehr lebhaft.«

Die Fackel. (1899–1936.) 922 Nummern in 37
Jahrgängen (alles Erschienene). Hrsg. von Karl
Kraus. Hrsg. des fotomechanischen Nachdrucks:
Heinrich Fischer. München: Kösel, 1968 ff. Nr.
657–667. August 1924. S. 114 f.

Ein in mancher Hinsicht interessantes Dokument für den
Vorgang der Aktualisierung in der Wirkungsgeschichte sind
die folgenden Zusatzstrophen zum »Kometenlied«, die 1848
in Zürich von dem Schauspieler Rigeno als Knieriem gesungen wurden:

> Wie geht's jetzt in allen Ländern zu?
> Nirgends hat kaum ein Mensch mehr Ruh';
> Alle Fürstenthrone wackeln sehr;
> Überall heißt's: »Keine Fürsten mehr!«
> Alt und jung schwärmt jetzt für Politik;
> Wie aus einem Mund schrein's: Republik!
> Das kann ja nicht mehr lang so gehn,
> D'raus muß ja eine neue Reform entstehn. –
> Hier gab man das Beispiel, dann kam der Franzos',
> Drauf ging es in Baden und Österreich los;
> In Berlin hat es zwar viele Todte gegeben,
> Doch schrieen sie gleich wieder: »Der König soll leben!«
> Und der will werden Kaiser! ach, da ist mir bang,
> Daß die Welt steht nicht mehr lang, lang ...

> Im sächs'schen Erzgebirg, es ist ein Graus,
> Brach die Hungersnoth erst kürzlich aus;
> Den armen Menschen wird ihr Dasein schwer,
> Denn sie haben nichts zu essen mehr;
> Im grün'n Gewölb in Dresden, Spott und Hohn,
> Liegen so und so viel Million,
> Und das Land ist theilweis bettelarm;
> Muß sich da nicht bald ein Gott erbarm'n!
> Es lebt noch ein Rächer, es lebt noch ein Gott,
> Zu strafen die Henker, die räub'rische Rott',
> Der Mensch, ist ihm anders kein Mittel gegeben,
> So greift er zum Schwert und vertheidigt sein Leben.
> Drum, ihr armen Menschen, seid nicht bang,
> Euer Elend dauert nicht mehr sehr lang, lang ...

> Doch mag Alles was da will geschehen,
> Preußen auch nach Schleswig-Holstein gehen,
> Nach Italien gehen Österreich,
> Uns hier ist das Alles, Alles Gleich.
> In den Bergen hier da lebt sich's frei,
> Besser als wie in der Lombardei.
> Hier lebt alles jetzt in Fried' und Ruh'
> Und sieht dem Scandal gelassen zu.

Drum mögens sich schlagen und mögen sich bekriegen,
Es kann ja doch nur die Gerechtigkeit siegen.
Mag überall auch der Kriegsaufruf erschallen
Und mögen die fürstlichen Häuser auch fallen,
Wird die ganze Welt auch liberal,
Die Schweiz, die bleibt ewig neutral . . .

Aus dem Souffleur-Buch. 1848. S. 9 f. Aufbe-
wahrt im Theater-Archiv in Zürich.

Eduard von B a u e r n f e l d erinnert sich 1873 an das
Erscheinen des »Lumpazivagabundus« auf der Wiener Bühne:

»Die muntere Fee mit der Schellenkappe schwang daher ihren Zauberstab, berührte damit das Theater an der Wien
und verwandelte es urplötzlich in einen Tempel des Jocus,
in welchem die Triumvirn des neuen Narrenthums, Carl,
Scholz und Nestroy, unter bacchantischem Volksjubel und in
Begleitung des bösen Geistes ›Lumpacivagabundus‹, des ersten Repräsentanten und Vorläufers des modernen Lumpen-
thums, ihren feierlichen Korybanten-Einzug hielten; hierauf drehten sie sich, die Branntweinflasche in der Hand,
mehrmals im Kreise herum wie die verzückten Derwische
und warfen sich schließlich unter tausend Lazzis auf ausge-
breitete Strohbündel nieder, um im Schlafe das Vergessen
ihrer Volksleiden und den Glücksterno[1] zu erwarten, welcher dem Zunftzwange, der Gewerbebeschränkung, der
Recrutirungs-Pflichtigkeit, dem Paßwesen, dem nächtlichen
Aufgreifen durch die Polizei, kurz all' den Nergeleien und
Quängeleien ein Ende machen sollte, womit arme Teufel
in einem wohleingerichteten Staate zur Aufrechthaltung

1 der Terno (österr. für: die Terne): Zusammenstellung von drei
Nummern (Lottospiel).

der Ruhe, Ordnung und Sicherheit von jeher geplagt wurden, geplagt werden und werden werden!

Das jubelnde Zuschauervolk, nicht minder arme Teufel wie dieser Tischler, Schneider und Schuster auf der Bühne, griff die leichtfaßliche Allegorie flugs begierig und scharfsinnig auf. [...] Ins Wirthshaus gehen, nichts arbeiten, sich über Alles lustig machen und in der Lotterie gewinnen – das war von heute an das Ideal der Volksmassen, und die Regierung mit ihrer Verzehrungssteuer, ihrem Lottogefäll und ihrem sogenannten ›System‹ schien vollkommen damit einverstanden. [...]

Gleich im Anfange vermochte Nestroy in Wien weder durch seine Spielweise, noch durch die Stücke, die er aus Graz mitbrachte, eine besonders nachhaltige Wirkung zu erzielen; aber ein fähiger Kopf, wie er war, und im Vereine mit dem gewandten Director Carl hatte er bald sein Terrain erkannt, ausstudirt und den Plan entworfen, es dauernd zu beherrschen in seiner doppelten Eigenschaft als Schauspieler und dramatischer Dichter. Mit einem scharfen und zersetzenden Verstande begabt und, zu Raimund's gemüthlicher Richtung im diametralen Gegensatz, ein mehr kritischer als dichterischer Menschenbeobachter, dessen unerbittlichem Auge kein Gebrechen der Gesellschaft entging, brachte er das neue Volksstück in der gutgegliederten Posse ›Lumpacivagabundus‹ zur Erscheinung und Geltung. ›So einen gemeinen Titel hätt' ich nicht niederschreiben können!‹ bemerkte mir Raimund kopfschüttelnd, als wir damals den Anschlagezettel mit einander lasen.«

Bauernfeld: Aus Alt- und Neu-Wien. (Gesammelte Schriften. Bd. 12.) Wien: Braumüller, 1873. S. 54 f. und 58.

Friedrich S c h l ö g l schreibt 1883 in seinen »Erinnerungen und Aufzeichnungen«:

»Für seine höchste, gewissermaßen genialste schauspielerische Leistung in daguerreotypischer Wiedergabe einer Volksfigur – wenn auch tiefuntersten Ranges – hielt ich stets den astronomischen Vieltrinker, Raisonneur, Privat-Philosophen und Weltverächter Knieriem. Ich sah ihn diesen ›Charakter‹ am 11. April 1833, bei der ersten Aufführung, geben und sodann unzähligemale, und nach einem Vierteljahrhundert nochmals, aber da viel milder, fast möchte ich sagen gemäßigter, oder gar solider, war es doch schon der ›zweite‹, der spätere, der ›noblere‹, Offenbach'sche Operetten-Nestroy, der als Fünfzigjähriger in einen neuen Genre gedrängt wurde und damit fast noch mehr reussirte, als mit seinen crassen Wiener Typen. Aber einst, welche Zeichnung lieferte er mit dieser Charge! Jeder Blick, jede Achselbewegung, jedes Zucken mit den Augenwimpern, jede Geste, jeder Schritt, jeder Ton und jedes Wort war abgelauscht, die unscheinbarste Nuance abgeguckt dem Vorbilde, das allerdings nur in den muffigsten Schenken zu finden. Die Zimperlichen nannten diese Figur, die seitdem weltberühmt wurde, gemein; sie übersahen die kunstvolle Totalität der Schöpfung und stießen sich an einzelnen allzu genauen Details, die ihnen ›shocking‹ dünkten. ›Man riecht ja den Schnaps!‹ rief damals Einer, verhielt sich die Nase und verließ empört das Haus. Es könnte dies als ein Triumph des Schauspielers gelten, der die Illusion so vollendet zuwege brachte. ›Zu gemein!‹ Als ob die Neu-Puritaner und Neu-Catone nochmals bei weit bedenklicheren Anlässen nicht lebhaft geklatscht und über Manches herzlich gelacht hätten, was ebenfalls nicht nach Patchouli und Esbouquet duftete!«

> Schlögl: Vom Wiener Volkstheater. Erinnerungen und Aufzeichnungen. Wien/Teschen: Prochaska, [1883]. S. 151 f.

Johann H ü t t n e r skizziert in seiner Arbeit über die Wiener Nestroy-Aufführungen zwischen 1862 und 1945 am Beispiel des »Lumpazivagabundus« das Verhältnis des Burgtheaters zu Nestroy:

»Anläßlich der Premiere des ›Zerrissenen‹ im Raimundtheater vom 23. 5. 1896 prophezeiten verschiedene Kritiker den baldigen Einzug Nestroys ins Burgtheater; und fünf Jahre später, im 100. Geburtsjahr des Dichters, spielte man dann in diesem Theater zum erstenmal den ›Lumpazivagabundus‹ mit Josef Kainz als Zwirn und Josef Lewinsky als Knieriem. Das Stück wurde vom 21. 4. 1901 bis 8. 12. desselben Jahres bloß in drei Nachmittagsvorstellungen gegeben – dann fehlte Nestroy bis 1923 gänzlich im Spielplan. [...]
Anläßlich dieser Aufführung wurde die prinzipielle Frage,

ob Nestroy überhaupt ins Burgtheater gehöre, eingehend
erörtert. Viele Stimmen verweigerten ihm noch den Platz
in diesem Theater und wollten ihn auf den ›Vorstadtbühnen‹ gespielt sehen:
›Für Klassiker besitzt das Burgtheater die schauspielerischen
Ausdrucksmittel, für Nestroy und Anzengruber besitzen
die Vorstadttheater die rechten Kräfte. Man kann es nur
schwer begreifen, weshalb das Burgtheater die Klassiker,
die es spielen kann, nicht spielt und warum es gerade Nestroy spielt, den es nicht spielen kann [...]‹ (Wiener Allgemeine Zeitung, 23. April 1901). Man wollte Nestroy
also aus bloß schauspielerischen Gründen vom Burgtheater
ausgeschlossen wissen und nicht etwa aus literarischen; im
Gegenteil: daß Nestroy, Raimund und Anzengruber das
Niveau des Burgtheaters hatten, sollte nicht geleugnet werden [...].
Wäre also eine literarische Würdigung nach der – indirekt
ausgesprochenen – Meinung der Kritik die einzige Begrün-
dung warum man Nestroy hier spielen könnte, da ja für
eine schauspielerische Glanzleistung an diesem Theater die
Voraussetzungen fehlten, so muß gesagt werden, daß der
literarische Gesichtspunkt für die Aufnahme des ›Lumpazivagabundus‹ in den Spielplan die geringste Rolle gespielt
hat. Zwar stellte Direktor Schlenther Nestroy höher als die
meisten deutschen ›Trauerspielverfasser‹, so schrieb er zumindest in einem Zeitungsartikel – doch dürfte es ihm in
diesem speziellen Falle keineswegs um Nestroy zu tun
gewesen sein, sondern um Kainz. [...]
Betrachten wir nun die Aufführung selbst, so finden wir,
daß der zweifellos künstlerische Mißerfolg dieser Inszenierung keinesfalls zufällig auftrat: Das Burgtheater war ja bis
zu diesem Zeitpunkt keine ›wienerische‹ Bühne und hatte
keinen ›wienerischen‹ Ton. [...] Es scheint bloß als eine
Pikanterie angesehen worden zu sein, daß Burgschauspieler
Nestroy spielten, und es war dabei nicht komisch, wie sie
spielten, sondern daß sie spielten, eine Wirkung, die sich
schnell abnützte. Man vergnügte sich, die Burgschauspieler
nach Nestroy ›schnappen zu sehen‹; mit ›Scham wurden
seine derben Witze vorgebracht; Reue schien ihnen jedesmal
zu folgen!‹ (Frankfurter Zeitung, 30. April 1901.) Meistens
konnten sie Nestroy gar nicht sprechen; sie zerrten die

Darstellung gewaltsam in die ›höhere‹ Sphäre. Das Vorspiel
in der Feenwelt z. B. wurde so steif und feierlich wie der
Prolog im Himmel im ›Faust‹ gespielt. Das Tempo der
ganzen Aufführung war schleppend, die Massenszenen wenig
belebt und auch Gesang und Tanz konnten nicht recht
gefallen.
Der bewegliche Kainz und der schwerfällige Lewinsky paß-
ten zwar im Typ gut zusammen – hieß es –, doch spielten
sie wie hilflose Schüler und brachten ihre Pointen zu ›aka-
demisch‹ vor; obendrein hatten sie ihre Rollen nicht gut gelernt. [...]
Daß Josef Kainz als Zwirn nicht gut war, ist nicht ver-
wunderlich, denn er gestand selber, daß er kein Nestroy-
spieler wäre, sondern aus einer ganz anderen Sektion käme;
und Karl Kraus schrieb, daß alle Versuche an Nestroy und
Raimund den berühmten Sprecher von seiner unzuläng-
lichsten Seite gezeigt hätten.
Kainz spielte hier ohne jede Charakterisierung. Er war zwar
von größter grotesker Lächerlichkeit, possierlicher Beweg-
lichkeit und besonders im Quodlibet des 2. Aktes wirkungs-
voll, doch legte er auf die Gliedmaßen mehr wert als auf die
Worte. Im ersten Akt war er noch sehr lustig, hieß es, bald
aber spürte man, ›daß Kainz den Zwirn doch nur an der
Oberfläche packt, daß er diese Gestalt rein von außen
her als Kasperl, als Lustigmacher nimmt, ohne sich um ihre
tiefere Bedeutung zu kümmern. Kainz brachte den Witz
des Zwirn, aber seine bessere, innere Seite, der psychologische Humor existierte für ihn nicht. Wie er mit seinem
Valentin verfährt, so macht er es auch mit dem Zwirn. Er
gibt von beiden nur eine altväterische Theaterfigur, mit
historisierenden Nuancen, aber die volle Lebendigkeit fehlt‹
(Wiener Allgemeine Zeitung, 23. April 1901).
Eine andere Beschreibung seines Spiels soll hier noch zitiert
werden: Kainz ›sah außerordentlich windig aus und meckerte,
als wäre das wirklich seine Muttersprache. Er flatterte un-
ermüdlich in allen Lüften herum und turnte über Menschen
und Möbel hinweg, als strebe er ein Engagement bei Ron-
acher an. Er hatte auch eine ganze Menge komischer Nuancen, obgleich man ihn sonst nicht gerade unter die Komiker
rangieren kann. Seine Gegner sprechen ihm sogar allen
Humor ab, worin sie doch etwas zu weit gehen. Aber alle

Lustigkeit, die er entfaltete, schmeckte nach Kainz, nicht nach Nestroy. Der satirische Teufel, den Nestroy im Leibe hatte, [...] dieser wienerische Dämon fehlte. Namentlich im Sprechen. Der Nestroy'sche Dialog [...] meint es immer anders als er es sagt, und darauf ist Herr Kainz nicht eingerichtet. In den Szenen, wo Schneider Zwirn den Grandseigneur spielt, empfand man den Mangel an Parodie besonders‹ (Pester Lloyd, 23. April 1901). [...]
Es ist nicht ganz leicht, sich aus den vielen Zeitungsstimmen, die gerade bei Kainz sehr voreingenommen sein dürften, ein objektives Bild zu machen. Soviel kann aber gesagt werden: Kainz war in Nestroystücken kein guter Schauspieler und man kann ihm – zumindest für Wien – keinerlei Bedeutung auf diesem Gebiet einräumen. Die Wirkung dieser Aufführung war nur deshalb so groß, ›weil der Romeo von gestern und der Hamlet von vorgestern heute als Schneider mekkert‹ (Wiener Allgemeine Zeitung, 23. April 1901).
Josef Lewinsky spielte ebenfalls nicht gut, obwohl er sich Verdienste um die Ermöglichung des Volkstümlichen im Burgtheater erworben hatte. Er gab die Rolle des Knieriem auf trockene, düstere, eintönige Art und schuf so ein wirksames Gegengewicht zu Kainz, allein sein Humor erlahmte bald und manche Pointe ging dadurch verloren.
Man lernte Lewinsky hier zum erstenmal als Sänger kennen. Zwar sang er das Entreelied vom Rausch (I/4) in prächtigem ›Bierbaß‹ (Prager Tagblatt, 23. April 1901), aber die Tatsache, daß das so berühmte Kometenlied (III/8) fehlte, läßt darauf schließen, daß sein Gesang nicht so hervorragend gewesen sein dürfte.
Arnold Korff als Leim war der einzige des Trios, der im Nestroy'schen Sinne gut war, doch konnte er sich mit der Technik von Kainz und Lewinsky keineswegs messen. Korff spielte in seiner treuherzigen, schlichten Art und wirkte sehr anheimelnd, beinahe anmutig; eine Zeitung hingegen bezeichnet sein Spiel als schläfrig.
Die Regie lag in den Händen von Hugo Thimig, Dekorationen und Kostüme wurden dem Lokalverband der Bühnengenossenschaft teilweise vom Burgtheater, teilweise von der Oper zur Verfügung gestellt. Wurde die Ausstattung einerseits als prachtvoll bezeichnet – vor allem der Feenpalast (I/1–3) dürfte ein Meisterstück gewesen sein – so

spricht andererseits eine Berliner Zeitung von überflüssigem
und deplaciertem Ausstattungsplunder.
Als Textgrundlage wurde die Nestroyausgabe von Vin-
zenz Chiavacci und Ludwig Ganghofer (Stuttgart 1891)
verwendet. Hiebei ist zu beobachten, daß für die Aufführung kaum Veränderungen gemacht wurden – bloß die Szenen III/13–15 sind gestrichen –, auch das Weltuntergangs-
couplet Knieriems (III/8) ist *nicht* gestrichen, obwohl von
der Presse allgemein bedauert wurde, daß dieses berühmte
Couplet nicht gesungen wurde. Eine Erklärung dafür könnte
sein, daß man zwar die Absicht hatte, diese Gesangsnummer
zu bringen, bei den Proben aber von diesem Plane wieder
Abstand nahm, da Lewinsky die Erwartungen nicht er-
füllte.
Der Andrang des Publikums war sehr groß; das Theater
war ausverkauft und die Logen überfüllt. Ja, die Plätze
wurden bis zum 3- und 4-fachen überzahlt. Die Tatsache,
daß fast so viele Kinder wie Erwachsene anwesend waren,
gibt einen guten Einblick in die Bewertung Nestroys im
allgemeinen und dieser Inszenierung im besonderen. Da
bei dieser besonderen Vorstellung das Vorhangverbot aufgehoben war, bekam das Publikum immer neuen Antrieb,
die Hauptdarsteller hervorzurufen. Es gab einen immensen
äußeren Erfolg. [...]
Zusammenfassend sei über das Publikum folgendes gesagt:
›Wir haben selten ein so volles Haus gesehen, in den Logen
saßen die Herrschaften zu Sechsen, insbesondere wimmelte
es von Kindern, auch der Aristokratie, die Hofloge mit
inbegriffen [...]. Die Leute wälzten sich vor Lachen. [...]
Die Beifallsstürme nach den Aktschlüssen wollten kein
Ende nehmen, und die Schauspieler wurden xmal heraus-
gerufen‹ (Pester Lloyd, 23. April 1901).
Zusammenfassend kann über den ›Lumpazivagabundus‹
des Burgtheaters von 1901 gesagt werden, daß es sich dabei
um eine sehr mangelhafte Aufführung gehandelt haben
muß; so konnte auch Karl Kraus rückblickend – stark über-
treibend – schreiben: Schlenther brachte den Lumpazivagabundus ›in einer so trostlosen Vorstellung heraus, daß kein
Mensch zu behaupten wagte, das Werk sei von Nestroy‹
(Die Fackel, Nr. 351/353, S. 37).
Der Einzug des großen Satirikers in das Burgtheater voll-

zog sich bei einer Nachmittagsvorstellung zu wohltätigem
Zweck und so ist es nicht überraschend, daß die Vorstellung
als eine Gschnasdarbietung[2] oder – wenn wir das Publikum
betrachten – als bessere Kindervorstellung aufgefaßt wurde.
Doch auch dann, wenn man mit mehr Ernst an die Aufgabe herangegangen wäre, hätte das Burgtheater Nestroy
noch nicht richtig spielen können – es fehlten die volkstümlichen Schauspieler, die Komiker.«

> Hüttner: Wiener Nestroyaufführungen vom
> Tode des Autors bis zum Ende des zweiten
> Weltkriegs. Diss. Wien 1964 [Masch.]. S. 168
> bis 177.

Karl K r a u s schreibt 1925 in der »Fackel« eine vernich-
tende Kritik über eine »Lumpazivagabundus«-Aufführung
im Wiener Burgtheater, die er mit folgender Strophe ein-
leitet:

Im Burgtheater spielen s' den Nestroy und
Man ist im Himmel, nämlich auf dem Hund.
Im Haus voll Würde und von stolzem Wuchs
Woll'n sie sich mit ihm machen einen Jux.
Und wenn s' den Z'riss'nen spiel'n in diesem Haus,
Kommt nur der Titel als a Ganzer 'raus.
Doch den Lumpazi bringen s' erst zu sich,
Denn den spiel'n s', wie sich's g'hört, ganz liederlich.
 Die Leut hab'n a Freud' beim Nestroy sein' Schaden:
 Der Leim der ist trocken und mit'n Zwirn hat's ein'
                                        Faden.
 Beim Knieriem sein' Lied da wurde mir bang,
 Bei *dem* Humor steht d' Welt auf kein' Fall mehr lang.
 Doch ich hör' s' vor Begeisterung schrei'n –
 Nein, die Welt fällt auf jeden Fall 'rein 'rein 'rein 'rein
                                        'rein 'rein,
 Die Welt fällt noch lang lang herein.

Zusatzstrophe zum Lied des Knieriem im Vortrag von »Lumpazivagabundus«, 28. Dezember 1924 (»Zur Entschädigung Nestroys für die ihm
durch das Burgtheater widerfahrene Aufführung«)

2 Gschnas: Maskenball, mundartl. auch ›wertloses Zeug‹.

Seine ausführliche Analyse der Aufführung richtet sich vor
allem gegen die »intellektuelle Anspruchslosigkeit« und das
»nestroyvernichtende Geblödel«. Kraus dreht die Frage, ob
denn Nestroy überhaupt ins Burgtheater gehöre, um: es
gehe nicht um die Frage, ob Nestroy »würdig« ist, »sondern
ob das Burgtheater fähig und also würdig ist, ihn zu spielen«. Die Kritik greift den Darsteller des Knieriem an, der
die »Nestroyschen Wortwurfgeschosse [...] wesentlich und
textlich in einen Brei verwandelt« habe, vom Geleier des Ko-
metenliedes und anderen Verharmlosungen ganz zu schwe-
gen. Zur Darstellung des Leim, dem ein Auftrittslied kom-
poniert wurde, schreibt Kraus:

»Der Leim also ist jene der drei Figuren, die keineswegs
kümmerlich durch Gesang am Leben erhalten, sondern im
Burgtheater gewalttätig durch Gesang geschädigt wird, eine
Figur, die, in ihrer Erdhaftigkeit doch von einer Raimundschen Melancholie umflossen, im volkspoetischen und im
theatralischen Sinn vollgestaltet, einen seelischen Hintergrund eröffnet, den freilich die Burgtheaterregie selbst dort
verdeckt, wo der Darsteller, Herr Höbling, besser sein
könnte als sein Ruf. Wer entzöge sich der visionären Inner-
lichkeit des Seufzers, die wie alles Gesichthafte und innen
Geschaute aus dieser Aufführung weggejuxt war:

Ihr werdet mir's nicht glauben – ich seh' einem lustigen Kerl gleich,
aber das ist alles nur auswendig, inwendig schaut's famos aus bei mir.
Wie ich trink', glaub' ich, ein jeder Tropfen ist Gift – wie ich iß, so
ißt der Tod mit mir – wenn ich spring' und tanz', so ist mir inwendig,
als wenn ich mit meiner Leich' ging' – wie ich ein' Kameraden seh',
der nix hat, so gib ich ihm gleich alles, obwohl ich selber nix hab', und
das bloß, weil ich in Gedanken alleweil mein Testament mach'.

Und wie wundervoll reflektiert auf die Gestalt, die in ihrem Biederwesen ganz und gar nicht so unproblematisch
ist und nicht bloß die Fläche hat, die der untiefe Blick bemerkt, der Moment, wo mitten im wildesten Aufhauen
die Musik abbricht:

L e i m. Ah wart', Schneider, du sollst mich nicht spotten! (Nimmt
Hannerl, welche ihm das Bier bringt, und tanzt mit ihr ein paarmal
herum, endlich sieht er einen Handwerksburschen sehr ärmlich und
traurig dasitzen – er hört zu tanzen auf und spricht zu ihm.) Ich
glaube gar, das ist ein Tischler? (Die Musik hört auf.)
H a n d w e r k s b u r s c h. Ja, leider.

L e i m. Wo fehlt's denn?
H a n d w e r k s b u r s c h. Überall.
L e i m. Mir auch; aber wer wird denn deswegen traurig sein? –
Heda! Eing'schenkt da für den eine Halbe Wein auf meine Rechnung.

Dieser Herzschlag war im Burgtheater erdrosselt; kein
Mensch hat ihn gehört, niemand auch nur verstanden, was
da vorgehe. Und wie im zweiten Akt der Tischlergesell –
in jedem Zug des Grams und des Glücks Verkörperung des
Girardi-Tons – mit seiner Peppi, die er ›in die Kiste auf die
Geldsäcke hebt‹, geradenwegs ins Märchen abgeht, davon
war nichts zu spüren [. . .].«

> Kraus: Nestroy und das Burgtheater. In: Die
> Fackel. (1899–1936.) 922 Nummern in 37 Jahr-
> gängen (alles Erschienene). Hrsg. von Karl
> Kraus. Hrsg. des fotomechanischen Nach-
> drucks: Heinrich Fischer. München: Kösel,
> 1968 ff. Nr. 676–678. Januar 1925. S. 1 und 22 f.

Otto R o m m e l geht in seiner großen Monographie zur
Alt-Wiener Volkskomödie (1952) näher auf die Wirkung
des »Lumpazivagabundus« vor dem Hintergrund des Ver-
hältnisses zwischen Raimund und Nestroy ein:

»Seit dem entschiedenen Durchbruch seiner künstlerischen
Eigenart im ›Lumpazivagabundus‹ (Erstauff. 11. Apr. 1833
im Theater a. d. Wien) wird in der Zeitungskritik und, wie
es scheint, noch häufiger in den für die Meinungsbildung
im Wiener Vormärz so wichtigen literarischen Kaffeehaus-
gesprächen Nestroys Name immer häufiger mit dem Raimunds in Verbindung gebracht. Der neue Mann war Ende
August 1831 als erster Komiker neben Wenzel Scholz in das
Ensemble Carls, des fieberhaft vorwärtsstrebenden neuen
Pächters des Theaters an der Wien, eingetreten. Noch vor
›Lumpazivagabundus‹ hatte er – wenn man von den Quodlibets absieht und aus der Grazer Zeit nur das Stück ›Die
Verbannung aus dem Zauberreiche oder Dreißig Jahre aus
dem Leben eines Lumpen‹ (1828) mitzählt, das erst in Wien
so recht zur Geltung kam – in zwanzig Monaten elf Stücke
auf die Bühne geworfen und dadurch seinen Anspruch auf
Geltung unabweisbar angemeldet. Daß er der einzige war,
der neben Raimund in Betracht kam, darüber konnte bei
dem traurigen Niedergange der Großen Drei [Bäuerle,
Gleich, Meisl] kein Zweifel sein, aber ebensowenig bestand

ein Zweifel über den tiefgreifenden Gegensatz der beiden
Komiker-Dramatiker. [...]
Es ist natürlich schwierig, durch diese Schicht sentimentaler
Erfindungen zu den nüchternen Tatsachen vorzudringen,
muß aber doch versucht werden. Nachweisbar ist nur, daß
Raimund an Nestroys Spielweise Anstoß nahm, denn als er
am 2. Mai 1832, also ein Jahr vor ›Lumpazivagabundus‹,
dem befreundeten Schauspieler Karl Ludolf, der ihn um
Überlassung der ›Gefesselten Phantasie‹ für sein Benefiz am
Theater an der Wien ersucht hatte, diese Bitte aus Miß-
trauen gegen den ›doch ein wenig auf die Spitze gestellten
Spekulationsgeist‹ des Theaterdirektors Carl abschlug, fügte
er den bezeichnenden Satz hinzu: ›Dann habe ich allen
Respekt vor Herrn Nestroy, wenn er auch gar keinen vor
mir hat, aber wenn meine Stücke, solange sie noch unge-
druckt sind, an der Wien aufgeführt werden, so wünsche ich,
daß die Hauptgestalt (Nachtigall) in meinem Geiste gegeben
wird, wodurch die Stücke allein in ihrer wahren Gestalt erscheinen‹ (Raimund Sämtl. Werke, IV S. 419). Auf welche
Eindrücke Raimunds Abneigung zurückgeht, läßt sich nicht
feststellen. In einer tragenden Rolle eines seiner Stücke
kann er Nestroy in Wien jedenfalls nicht gesehen haben,
und er gab ihm auch keine Gelegenheit dazu. Doch genügte
ihm wahrscheinlich der Bericht des Grazer Korrespondenten
der ›Theaterzeitung‹ (1829, Nr. 37), dem Nestroys Rappel-
kopf eher den Eindruck eines Menschenfressers als den eines
Menschenfeindes gemacht hatte. Raimund mochte – und
zwar bei dem Nestroy der Frühzeit vielleicht gar nicht
ohne Grund – fürchten, dieser könnte aus Nachtigall eine
Groteskfigur in der Art seines Sansquartier machen, an
welche Rolle die Wiener damals, vor Knieriem, wahrscheinlich zuerst dachten, wenn von Nestroys Komik die Rede war,
und dadurch den Gesamteindruck des empfindlichen Stückes
stören. Es ist außer dieser nur noch eine einzige Äußerung
Raimunds über Nestroy erhalten. Raimund erging sich –
wenige Wochen vor seinem Tode – am 3. Juni 1836 gegenüber Costenoble (Raimund Sämtl. Werke, V S. 701) in Erinnerungen an die ›ruhige, wahre‹ Komik des kurz vorher
verstorbenen Ignaz Schuster und bedauerte, daß das ›schöne
Talent‹ von Wenzel Scholz ›durch Carls Unnatur und Karikatur angesteckt‹ worden sei. ›Jetzt überbieten er und Ne-

stroy sich an Übertreibungen.‹ Das klingt ruhig und sach-
lich. Die Vorstellung, daß Nestroy unter dem Einfluß von
Carl stehe, war ziemlich allgemein verbreitet, obwohl Ne-
stroy als ein völlig Fertiger nach Wien gekommen war. Vom
›Lumpazivagabundus‹ wurde gar nicht gesprochen. [...]
Prüft man unvoreingenommen die Zeugnisse, so erkennt
man, daß die Übersteigerung des Gegensatzes Raimund–
Nestroy in den Jahren 1834–1836 ein reines Literatenge-
schwätz ist. Literaten-Enthusiasmus hatte Raimund auf das
Postament Shakespeares emporgehoben (Sämtl. Werke, V
S. 669, 698, 701, 704, 720), ja auch ein Feuchtersleben, der
nicht zum Trosse gehörte, hatte sich durch ›Moisasurs Zau-
berfluch‹ an den großen Briten gemahnt gefühlt (a. a. O. V
S. 383), und auch Friedrich Prinz zu Schwarzenberg (›Lanz-
knecht‹ I, S. 121 ff.) legt seinem Vergleiche des von ihm bevorzugten Nestroy mit Raimund den Maßstab ›Shakespeare‹
zugrunde. Literaten wie Braun von Braunthal, Ignaz Jeit-
teles, J. W. Lembert, M. G. Saphir, Siegmund Schlesinger,
welche schon auf die Parolen des ›Jungen Deutschland‹
hinhorchten, waren es, die kurz darauf den Realisten Nestroy auf den Schild hoben: ›Raimund überschätze sich nicht,
und wir werden ihn schätzen‹, forderte zum Beispiel Braun
von Braunthal in seinem Aufsatze ›Auch ein Wort über
Raimunds Verschwender‹ am 4. April 1834. ›Er reiße sich
endlich einmal los von diesem geschmacklosen, abgedro-
schenen Genre, verlasse dieses flachgetretene Feld, das nur
Mohnblumen trägt, und wende sich dem eigentlichen „Volksleben“ zu, *wie es ist!*‹ – ›In Hinsicht der Wahrheit
und Klarheit und reiner, das Zauberwesen verschmähender,
einfacher Tendenz steht dieses Nestroysche Stück („Zu ebener Erde ...“) *weit* höher als Raimunds „Verschwender“‹,
dozierte 1835 M. G. Saphir (Raimund Sämtl. Werke, V
S. 686). Raimund war bald den Ratschlägen dieser ›zeitbe-
wußten‹ Kritiker entrückt, aber auch Nestroy erwies sich
keineswegs als ein gelehriger Schüler. Er mußte seinem
Genius folgen, und die Propheten ließen ihn ihre Enttäuschung grausam entgelten.
Daß Raimund und Nestroy immer wieder sozusagen
zwangsläufig in Vergleich gebracht werden, erklärt sich bis
zu einem gewissen Grade aus der auffälligen Ähnlichkeit
ihrer Stellung in der Entwicklung der Volkskomödie, ja

sogar ihrer Lebenskurven. Beide haben nämlich, einem
unwiderstehlichen Drange zum Theater folgend, die ihnen
zugewiesene bürgerliche Laufbahn verlassen, beide sind sich
nicht von Anfang an ihrer Berufung zum Komiker bewußt
gewesen. Beide sind in erster Linie Schauspieler, beide aber
sahen sich durch den Mangel an geeigneten Stücken gezwungen, selbst zur Feder zu greifen, und wurden darüber
zu großen Dramatikern. Ja wenn man will, kann man auch
darin eine – an sich bedeutungslose – Ähnlichkeit finden,
daß beide sich zu übereilten Eheschließungen verleiten ließen und für die Lebensbündnisse, die sie schlossen, kirchlichen Segen und bürgerliche Legalisierung entbehren mußten, was damals schwerer zu tragen war als heute. Damit
hören aber die Ähnlichkeiten auf, und es setzen die weitaus
aufschlußreicheren Verschiedenheiten ein.«

> Rommel: Die Alt-Wiener Volkskomödie.
> Ihre Geschichte vom barocken Welt-Theater
> bis zum Tode Nestroys. Wien: Schroll, 1952.
> S. 927–929, 936 f.

Auch Helmut O l l e s geht in seiner Arbeit über »Zerrissenheit bei Raimund und Nestroy« näher auf das Verhältnis der beiden Vorstädttheater-Autoren zueinander ein.
Er kritisiert zunächst jene Oberflächlichkeit der Betrachtung,
die z. B. noch 1948 in Josef Nadlers »Literaturgeschichte
Österreichs« dazu führte, Nestroys »Lumpazivagabundus«
als Parodie auf Raimunds »Verschwender« zu interpretie-
ren:

»Beide werden vielmehr verbunden durch den notwendigen
Umschlag von – schon forciertem – Idealismus zu Skepsis,
wobei hinter dem Raimundschen Idealismus eine pessimisti-
sche Weltsicht verborgen ist, die seine Menschendarstellung
mitunter noch bitterer macht als die Nestroys (Gluthahn).
Was Nestroy zerstört, ist das, was Raimund zum Verhäng-
nis wurde: die naive Gläubigkeit. Im übrigen sind beide
selbständig; Nestroy schreibt in seinem Zauberspiel etwas
ganz anderes als Raimund. Dieser hat ein bürgerliches
Thema vor sich und es ist ihm nur Anlaß zu einem Spiel
um die subjektivistische Lebensproblematik. Jener behält
das Problem von Verschwendung und solider Lebensführung
zwar bei, doch löst er es in einem den üblichen Auflösungen

direkt entgegengesetzten Sinne. Die Verschwender, die Lumpen werden nicht verurteilt, sondern anerkannt. Das Wort ›Lump‹ wird von Nestroy, jedenfalls im Lumpazivagabundus, gar nicht pejorativ gebraucht. Es meint hier: unbürgerlich, unterbürgerlich. Die beiden Lumpen Zwirn und Knieriem haben keinen Bezug zur Ordnung der bürgerlichen Welt, ausgenommen den, daß sie diese durch ihr Sprechen, ihr Handeln, ihr ganzes Wesen negieren. Sie sind nicht Bürger mit einer gelegentlichen subjektivistischen Anwandlung – wie es sie auch bei Nestroy gibt –, die nach einer kürzeren oder längeren Ausartung wieder brav werden. Äußerlich sind sie Handwerksgesellen, aber solche, die ihrem Beruf wenig Ehre machen, die man sich nicht einmal arbeitend vorstellen kann und die auch wirklich von jedem Meister davongejagt werden. [...] Der Beruf ist äußerlich und Mittel zu komischem Zweck; sie betteln lieber, als daß sie arbeiten, ziehen herum ohne irgendwo einen festen Wohnsitz zu haben, sind mit einem Wort: Lumpen. [...]

Ordnung–Unordnung sind die beiden Pole, zwischen denen die Handlung schwingt. Oberster Vertreter der Ordnung ist der Feenkönig Stellaris, der die Söhne auffordert, ordentlich mit dem ihren hauszuhalten (I,2). Das Geisterreich ist in Wirklichkeit ein Bürgerreich und der patriarchalisch regierende, behäbige Stellaris – die anderen Väter treten außer Mystifax nicht hervor – ein redlicher Hausvater. [...]

Viel wesentlicher ist die Bedeutung des Rahmenspiels als Parallele zum irdischen Geschehen, mit dem Unterschied, daß die Söhne der Magier alle wieder ordentlich werden – Pseudo-Subjektivisten –, während vom liederlichen Kleeblatt nur Leim dies tut. Aber Nestroy hat damit nicht die Liederlichkeit romantisiert, das hat er nie getan. Er beantwortet im vorliegenden Stück einfach die Frage: wie leben und wie sind die Menschen. Die Lumperei von Zwirn und Knieriem wird nicht verherrlicht, aber in ihrer gelassenen Anerkennung steckt bereits eine geringe Schätzung der Gegenseite, welche ja nur sich anerkannt wissen will. [...]

Was ›Glück‹ bei Nestroy bedeutet, ist so schwer zu sagen wie bei Raimund; häufig und gerade im Lumpazivagabundus heißt es: Geld. Die Begriffe Reichtum und Glück können ausgewechselt werden. [...] Vom lustigen Kleeblatt werden Zwirn und Knieriem durch das Glück gar nicht

verändert, nichts überrascht an ihrem Verhalten, ihre Eigenart bleibt sich gleich, sie sind und bleiben Lumpen. Leim gibt sein Wanderleben auf und wird solide: auch das ist keine Wandlung, es war in ihm angelegt, bloß kann er jetzt diese Anlage verwirklichen. [...]
Die Möglichkeit der Besserung oder Buße provoziert geradezu den Exzeß; man darf seelenruhig ausschweifen, die Besserung macht ja alles wieder gut. Die scheinbar moralische Idee der Besserung enthüllt sich selbst als unmoralisch und unwahr, woran sich Komik entzündet.
In Nestroys Werk gibt es unbürgerliche Typen aller Art – das Wort ›unbürgerlich‹ hier sehr weit genommen: romantisierende Bürger wie Weinberl; Parvenus, die sich bessern; solche die sich nicht bessern; Gauner und Schmarotzer; jugendliche Liederliche, ungeratene Söhne, die wieder zur Ordnung finden; böse Geister; Unzufriedene, Sonderlinge, Künstler; skeptische Intriganten; Lumpen, die zum Teil vorkommen. Im letzten Fall handelt es sich um Abschreckungsstücke (Verbannung aus dem Zauberreiche); immerhin werden die Lumpen selbst dann als existent und unverbesserlich gesehen.«

Olles: Zerrissenheit bei Raimund und Nestroy.
Diss. Frankfurt a. M. 1954 [Masch.]. S. 112
bis 114, 116 f., 119 und 130 f.

Hans W e i g e l (1960):

»›Lumpazivagabundus‹ ist Nestroys populärstes, ist im wahrsten Sinn ein unverwüstliches Stück, es hat Verfilmungen und Bearbeitungen mancher Art widerstanden, es hat den Ruhm des Autors bei seinen Zeitgenossen begründet, hat ihn durch sein Leben begleitet; als Schuster Knieriem stand Nestroy in seinem Todesjahr zum letzten Mal auf einer Wiener Bühne. Der Erfolg der Novität ›Lumpazivagabundus‹ vor eineinviertel Jahrhunderten ist erklärlich und deutbar, der elementare Erfolg durch die Zeiten aber ist geheimnisvoll. ›Lumpazivagabundus‹ ist nämlich ein ganz schlechtes Stück. [...]
Von vielerlei Gesichtspunkten aus ist dieser ›Lumpazivagabundus‹ ein durch und durch mißglücktes, die Gesetze der Bühnenwirksamkeit mißachtendes Stück, das der erfolgversprechenden Elemente kurios ermangelt, keine Spannung,

keine durchgehende Handlung, keine ausgeführte Liebesgeschichte aufweist, den großen komischen Darsteller im zweiten Akt nicht zeigt. ›Lumpazivagabundus‹ ist auch durchaus kein ›echter Nestroy‹ und entbehrt der großen satirischen Aggression ebenso wie der genialen sprachschöpferischen Dialektik. ›Lumpazivagabundus‹ wird schließlich niemals in seiner Urgestalt dargeboten, sondern zerredet und zerspielt; in vielen Schichten lagern sich traditionelle Extempores und szenische Scherze über die Urform. Was wir selbst bei einer authentischen ›Lumpazivagabundus‹-Aufführung sehen, ist nur zum Teil von Nestroy geschrieben. Wie erklären wir die Wirkung auf die Zeitgenossen und die noch viel rätselhaftere auf die Nachwelt? [...]

Der Erfolg des ›Lumpazivagabundus‹ kommt nicht von den Späßen, nicht von dem märchenhaften Motiv der Wunscherfüllung durch den Himmel, nicht von dem reizvollen Bild dreier reichgewordener armer Gesellen. ›Lumpazivagabundus‹ strahlt Skepsis, Bitterkeit, Fatalismus aus, präsentiert sie aber im behäbig-possenhaft-heiteren Gewand; der Mensch des Vormärz sah sich selbst auf der Bühne, der Österreicher sah sich im Hinwenden zur Gegenwart ohne Rücksicht auf das Morgen bestärkt – dieses sein oft als Lebensfreude, Lebenslust mißverstandene Klammern an die profanen gegenständlichen Freuden von Essen, Trinken und Tanzen, das doch im Tiefen nur Angst vor der Zukunft, Angst vor sich selbst verbirgt, wird von Nestroy nicht gepredigt, sondern nur dargestellt als Gleichnis seines eigenen Ausbrechens in die Schauspielerei, als Ausdruck seiner großen umfassenden Negation aller Werte.«

Weigel: Johann Nestroy oder Die Flucht in die Vorstadt. In: H. W.: Flucht vor der Größe. Salzburg: Residenz Verlag, 1970. S. 80 f. und 84 f.

Zur Aufführung in der »Volksbühne Berlin« (1960) schrieb Dieter K r a n z unter dem Titel »Wiener Volkskomödie – heute gesehen«:

»In der Tat verdankt der ›Lumpacivagabundus‹ der lebensprallen, lustigen Schilderung seiner drei Hauptfiguren die bis heute reichende Wirkung und seinen Wert. Der schwerfällige, etwas apathische und doch verschmitzte Trunken-

bold Knieriem, der großmäulige und großmannssüchtige,
verschlagen-leichtsinnige Zwirn und der tüchtige, dabei
schüchterne Leim – das sind vorzüglich differenzierte soziale
Typen seiner Zeit, die Nestroy geschickt einander gegenüber-
gestellt hat. Obwohl er sie mit dem kritischen Blick des
Satirikers sah, war er unverkennbar mit dem Herzen bei
ihnen, denn schließlich und endlich gehörten sie zu seinem
Publikum. [...]
Seit 1830 gab es in Wien bei Frauen- und Kinderarbeit und
unglaublich niedrigen Löhnen wiederholt Arbeitslosigkeit.
Allen sozialen Schichten mit Ausnahme des Adels und der
kleinen Gruppe bürgerlicher Spekulanten und Fabrikanten
ging es schlecht – kein Wunder, daß alle unzufrieden waren.
Jedoch ›im und am Theater durfte auch der Arme am öffentlichen Leben teilhaben, das ihm in Metternichs Polizei-
staat sonst völlig verschlossen war‹ (Programmheft). So
wurden die drei Wiener Vorstadttheater, besonders das Carl-
theater, in dem Nestroy spielte, zeitweise zum Forum der
einfachen Leute. Daß sogar der frühentstandene ›Lumpacivagabundus‹ nicht frei von kritischen Anspielungen ist, kann
man an den Originalcoupletstrophen (die die Volksbühnen-
inszenierung nicht bringt) ablesen. [...]
Vergleicht man solche Berichte [über Nestroys Spielweise],
von denen es mehrere gibt, miteinander, gewinnt man den
Eindruck, daß Nestroys Wiener Volkstheater gleichzeitig
eine Art politisch-satirisches Kabarett war. So verstanden,
ist auch die anonyme Warnung an den preußischen König
verständlich, Nestroy um keinen Preis in Berlin das Auftreten zu gestatten, denn ›der Witz dieses Menschen sei auch
in politischer Hinsicht durch pikante Anspielungen sehr gefährlich‹. (Der Dichter berichtet darüber in einem Brief an
seine Lebensgefährtin Marie Weiler.) Wir können uns von
dem brillanten Feuerwerk seiner aggressiven Extempores,
das die Zuschauer elektrisierte, nur eine vergleichsweise
blasse Vorstellung machen, und deshalb hatte der Wiener
Publizist und Dichter Karl Kraus, der die wissenschaftliche
Nestroy-Forschung angeregt und befruchtet hat, im Grunde
nicht unrecht, wenn er meinte, in seinen Possen bleibe die
Hauptrolle heute unbesetzt.
Diesen ›Mangel‹ jeder Nestroy-Aufführung kann der Regisseur nur wettmachen, wenn er mit schöpferischer Phan-

tasie und komödiantischem Einfallsreichtum an die Inszenierung geht und – was das wichtigste ist – eine Ader für das Wiener Volkstheater hat. Daß Otto Tausig, als Landsmann des Dichters, alle nötigen Voraussetzungen mitbringt, wußte man seit seinem Titus Feuerfuchs im ›Talisman‹ und der Inszenierung von ›Einen Jux will er sich machen‹ im Deutschen Theater. Auch der ›Lumpacivagabundus‹ ist in seinen Händen – mit geringen Einschränkungen, von denen noch zu reden sein wird – zu einem Erzgaudi für das Publikum und sichtlich auch für das Ensemble geraten, wobei ein guter Teil des Erfolges auch auf das Konto der sicherlich vom Regisseur inspirierten witzigen Bühnenbilder Roman Weyls geht. Das beginnt gleich in der etwas blassen, konventionellen Rahmenhandlung mit einem herrlich parodistischen Feenbild, in dem Stellaris beispielsweise in einer Biedermeiergondel aus dem Schnürboden erscheint und mit roter Binde und silbernem Stern dekoriert ist wie ein Metternichscher Hofrat. Die drei liederlichen Handwerksburschen marschieren pantomimisch vor rollenden, kindlich bunten Prospekten, während Lumpacivagabundus es nicht nötig hat, sich per pedes fortzubewegen! Er gondelt auf einer Art Fahrrad durch die Luft. Zwirn beschäftigt als reichgewordener Schneider im 2. Akt beim Bügeln einer Hose einen ganzen Stab von Assistenten. In einer Ritterrüstung hat er eine Hausbar etabliert, und das Geldausgeben ist bei ihm insofern mechanisiert, als er die Talerscheine wie Klosettpapier von einer handlich angebrachten Rolle immer nur so abzureißen braucht. Dergleichen Gags, die stets die dramatische Situation witzig ausdeuten, gibt es am laufenden Band.

Tausig hat auch im Text geändert und ausgetauscht, wo ihm das Original etwas Patina angesetzt zu haben schien. So schrieb er das Quodlibet am Schluß des 2. Aktes, das bei Nestroy zwei heute vergessene italienische Opern parodiert, sehr witzig auf Suppés ›Leichte Kavallerie‹ um. (Überschrift: *›Und jetzt sehen sie ein Suppé nach der Musik des gleichnamigen Franz.‹*) Weniger glücklich war er leider bei seinen neuen Coupletstrophen. [. . .]

Bekanntlich ist die Szene, die Knieriem, Leim und Zwirn als geläuterte brave Hausväter im trauten Familienglück zeigt, im Stück durch nichts motiviert. Die Volksbühne vermutet im Programmheft, der willkürliche Schluß sollte den Autor

nur vor dem Vorwurf der Unmoral schützen. Gleichviel,
auf jeden Fall war Nestroy nicht der Mann, so etwas ernst-
haft als ›Lösung‹ anzubieten. Es ist also nötig, die letzte
Szene gleichsam parodistisch zu überspitzen. Tausigs Arran-
gement mit dem neckischen Dreifamilienhaus ist zwar sehr
hübsch, schließt aber meines Erachtens die Gefahr nicht aus,
daß die Szene ernst genommen werden könnte.

Das sind meine beiden Bedenken gegen Tausigs Inszenierung. Sonst hat der Regisseur Nestroys Text außerordentlich phantasievoll in Handlung umgesetzt. Lediglich im 3.
Akt ist ihm einiges zu lang geraten (beispielsweise die Briefszene, von deren eigenwilligem Humor Karl Valentin gelernt haben könnte).«

Kranz: Wiener Volkskomödie – heute gesehen. In: Theater der Zeit 15 (1960) H. 10.
S. 68–70.

Ernst F i s c h e r (1962):

»Der Erfolg war enorm. Das Publikum jubelte Nestroy zu.
Der laute Beifall übertönte ein leises Unbehagen. Diese drei
wandernden Gesellen Knieriem, Zwirn und Leim waren
nicht mehr romantische Gestalten, nicht mehr die liebens-
würdigen Landstreicher Eichendorffs, welche da gingen

Vorüber am Bergeshang,
Ich hörte im Wandern sie singen
Die stille Gegend entlang.

Der abergläubische, versoffene, brutale Knieriem, der eitle,
arbeitsscheue, zum Parasiten prädestinierte Zwirn gehörten
einem neuen Zeitalter an, einer Gesellschaft der Herunter-
und Emporgekommenen. Leim, der dritte Kumpan, sorgte
durch seine Bravheit für Kontrast; doch selbst in dieser
guten Haut steckte schon, als übler Kern, der künftige
Parvenu. Durch das verfallende Mittelalter fegte ein kalter
Wind. Die Mauern von Zoll und Zensur rings um Österreich
vermochten ihn nicht aufzuhalten. Sie hatten nur zum Ergebnis, daß Sterbendes langsamer starb, Entstehendes stok-
kender entstand; die Krise in Permanenz. Über dem liederlichen Kleeblatt leuchteten nicht mehr wunderbare Gestirne.
Das fahle Licht des Kometen fiel auf sie, des Weltuntergangs, den der wüste Knieriem voraussagte. [...]

Das Publikum klatschte, lachte, schrie. ›Herrn Nestroys
Lied über den Untergang der Welt‹, meldete die ›Theaterzeitung‹ am 13. April 1833, ›ein Scherz voll der witzigsten
und zeitgemäßesten Pointen, machte Furore.‹ Während dies
im Theater vor sich ging, forderten die Kreishauptleute ein-
schneidende Maßnahmen gegen die Landstreicherei. Der Adel
versank in Schulden, Unternehmer wurden zu Bankrotteu-
ren. Die hohe Bürokratie berichtete dem Minister Kolowrat,
im Mittelstand sei ›die Tendenz zur Verdrängung alles Höheren und Stabilen‹ wahrzunehmen. Es ging auf den Ruin
zu. Das Lied vom Untergang der Welt machte Furore.
Im Komischen richtete sich das Drohende auf. Das Gelächter klang wie Revolte. Der kultivierte Fürst Friedrich
Schwarzenberg sagte von Nestroy, es lebe in ihm ›ein wirklich Shakespearischer Geist, Humor und Witz‹. Während
dieser Fürst Nestroy herausstrich, ließ ein Graf, der Polizei-
minister Sedlnitzky ihn zusammenstreichen. Ihm galt der
spöttische Rat, Kometen zu verbieten. Was er in Akten verbarg, der Zustand dieses Landes, trat nun frech vors Publikum [. . .].
In der Tat war Nestroy dem sogenannten Volkscharakter
nicht auf den Leim, sondern auf den Grund gegangen. Er
hielt gesellschaftlicher Niedertracht den Spiegel vor, worauf
der Spiegel bezichtigt wurde, er habe die Wirklichkeit her-
vorgebracht. Im Zeitalter zwischen Feudalordnung und
Kapitalismus roch er nicht nur den Moder der Vergangen-
heit, sondern witterte auch, wie Karl Kraus gesagt hat, ›die
Morgenluft der Verwesung‹. Er widersprach allem, was
Österreich zu sein vorgab. Er war nicht gemütlich, sondern
zerriß die fadenscheinige Gemütlichkeit. Er hielt weder den
Verfall der ständischen noch den Aufstieg der kapitalisti-
schen Welt für schön und rühmenswert. Er stach das ›Ge-
schwollene‹ auf und ließ es zur leeren Hülse zusammen-
schrumpfen. Gutzkow schmähte ihn als ›bestialischen Dichter‹, weil er das Bestialische zu idealisieren ablehnte. Das
Tier ist nicht komisch; der als Tier dargestellte Mensch ist
es, weil in ihm das verratene Menschenbild unsichtbar gegenwärtig ist. Antihuman ist stets die Vortäuschung einer
nicht vorhandenen Humanität, eines goldenen in Ermange-
lung eines sonstigen Herzens. In der Aggression gegen die
Heuchelei besteht *die unerbittliche Humanität des Satirikers.*

Es war die Aggressivität des Hanswurst, auf die Nestroy zurückgriff. Das nur Komische des Hanswurst erhob er zur Potenz des Witzes. Sein Werk war die Revolte plebejischer Intelligenz, er selbst ein Jakobiner der österreichischen Vorstadtbühne.«

Fischer: Johann Nestroy. In: E. F.: Von Grillparzer zu Kafka. Frankfurt a. M.: Suhrkamp, 1975. (suhrkamp taschenbuch. 284.) S. 145–148.

Günter S t u r m (1964):

»Die realistischen Elemente werden in unserem Stück eher aufgehoben in der Spielwelt (ohne daß das ›Musical‹ operettenhaft albern wird) – der Brennspiegel der Schlußszene hat es gezeigt.
Andere Tendenzen bleiben in belebender Spannung. Fortuna-Glaube blitzt auf (als ein Mögliches) gleich neben einer anheimstellenden Gebärde, einer Absage an jede Festlegung; Märchenhaftes hebt sich ab vom bürgerlichen Bereich, dem wieder (durch den Knieriem vor allem) ein sprengendes Anderssein entgegengesetzt wird. Nebeneinander stehen habsburgische Tradition, intellektuelle Selbstbehauptung und Wiener Vormärz-Einflüsse, eine Mehrschichtigkeit, die wiederum gespiegelt erscheint in der Rezeption und gleichzeitigen Aushöhlung des Zauberstücks, in der unterschiedlichen, teils dankbar, teils reserviert eingefärbten Aufnahme ehrwürdig geprägter Form und in der schöpferischen Gegenwehr. Schließlich ist das so entstehende Gebilde noch ständig in Gefahr, durch den extemporierenden Schwung des Schauspielers aus den Fugen getrieben zu werden. Wie solche spannungsreichen Positionen sich gegenseitig behaupten, beeinflussen und verschränken – diese immanente Dynamik des ästhetischen Spiels hat den ›Lumpazivagabundus‹ geschaffen und ihm seine Struktur gegeben.«

Sturm: Johann Nestroy. Lumpazivagabundus oder Das liederliche Kleeblatt. In: Europäische Komödien. Hrsg. von Kurt Bräutigam. Frankfurt a. M.: Diesterweg, 1964. S. 61.

Olga S t i e g l i t z macht in ihrer Arbeit über syntaktische Strukturen in der Sprache Johann Nestroys interessante Beobachtungen:

»Wenn wir alle existenten Erscheinungen, alle mundartlichen Bestandteile, die sich in der Posse ›Lumpazivagabundus‹ befinden, resümieren und gleichzeitig in Betracht ziehen, welche Erwartungen andererseits nicht eingetroffen sind, so können wir feststellen, daß die Sprache Nestroys in diesem Werke in Wortschatz und Morphologie zwar einen stärker sichtbaren dialektischen Einschlag zeigt als in seiner syntaktischen Struktur, daß sich aber dennoch auf Grund der syntaktischen Gestalt verschiedene Sprachstufen deutlich voneinander scheiden lassen.

Folgende Gegebenheiten treten zutage:

a) *Die Posse ›Lumpazivagabundus‹ ist in einer Stufe des Wienerischen abgefaßt, die der Schriftsprache angenähert ist;* das heißt, Nestroy verwendet nicht die derbste Variante des Wiener Dialekts, die es in den unteren Schichten der Bevölkerung wohl gegeben haben wird, sondern er schreibt in der mundartlich durchsetzten Alltagssprache des Wiener Bürgers, wie sie auch heute noch in der Mittelschichte Wiens zu hören ist.

b) *Wienerisch an Nestroys Sprache sind Wortschatz, Lautung, Formenwelt und weitgehend auch die syntaktische Struktur,* noch dem Wortschatz zugehörig die vielen Redensarten und Wortspiele, die in erster Linie im Dialekt bedingt sind. Die ganze bildhafte Fülle und Anschaulichkeit des Wiener Dialekts tritt dabei in Erscheinung.

Dazu muß gesagt werden, daß die Freude am Wortspiel dem Wiener in besonderem Maße eigen ist und es Nestroy wie kein anderer Dichter verstand, sämtliche Facetten des wienerischen Sprachmaterials zum Aufleuchten zu bringen. Dennoch ist die Posse ›Lumpazivagabundus‹ in jeder Beziehung noch sehr einfach gebaut. Die Figuren sind bei weitem nicht so artistisch gestaltet wie in späteren Werken, infolgedessen spielt auch der Perspektivenwechsel kaum eine Rolle, daher ist auch in weiterer Folge die Ausdrucksweise noch nicht zur Artistik denaturiert.

So scheint die Diktion, wie sie uns in diesem Frühwerk Nestroys entgegentritt, eine wesentlich klarere Vorstellung vom Sprachzustand des Bürgertums im Wien des frühen 19. Jahrhunderts zu geben, als das in Werken späterer Zeit der Fall sein kann, wenngleich es Nestroy gewiß nicht um eine bewußte realistische Abbildung der Redeweise einer bestimmten Gesellschaftsschichte gegangen ist.

Die Kunstmittel der Fiktion und des Fiktionsbruches sind in dieser Posse noch kaum eingesetzt; ein Hinausstreben der Figuren aus ihrem gesellschaftlichen Rahmen und somit aus ihrem sprachlichen Bereich bleibt in Grenzen des aus der Mentalität des Wieners Verständlichen. Wer die Sprachgewohnheiten des Wieners kennt, wird sich übrigens über ein gelegentliches, oft mitten in einem Satz überraschend erfolgendes Ausbrechen in eine gewähltere Ausdrucksstufe nicht wundern, sondern es nur als wienerisches Spezifikum amüsiert zur Kenntnis nehmen. [...]

Der auffallend hohe (über 18 %) Anteil elliptischer Bildungen am gesamten Teilsatzmaterial geht in erster Linie auf die dichterische Form, auf die dramatische Gestaltungsweise und die damit verbundene Dominanz des Dialoges zurück, zum anderen Teil aber auch auf den Versuch, der natürlicheren Ausdrucksweise und lebendigen Rede, wie sie den kleinen Bürgern und Handwerkern, den Geschäftsleuten und reichen Hausbesitzern wie allen Stufen innerhalb des dienenden Personals abgelauscht war, so nahe wie nur möglich zu kommen und den Ton der Volkssprache, den Ton des Wiener Bürgers zu Nestroys Zeit, zu treffen.

So handelt es sich also in Nestroy ›Lumpazivagabundus‹ um eine Sprachgestaltung, die aus bester Kenntnis des Wienerischen heraus und unter scharfer Beobachtung der dem Wiener Dialekt eigenen Spezifika viele dieser Eigentümlichkeiten aufgreift, sich einverleibt und künstlerisch gestaltend einsetzt. Nestroys Sprache gewährt somit einen Einblick in die Vielfältigkeit und Eigenart des Wienerischen, darf aber nicht als Aufzeichnung gesprochener Sprache gewertet werden, sondern ist echteste Theatersprache, gewachsen auf Wiener Boden, genährt aus Wiener Urwüchsigkeit, aus Wienerischem Charme und Esprit und versetzt mit den Glanzlichtern der Nestroyschen Besonderheit, seiner Sprachgenialität, die er für Bühne und Publikum gedacht, in vollem Maße einschaltete.«

Stieglitz: Syntaktische Untersuchungen der Sprache Johann Nestroys. Am Beispiel seiner Zauberposse ›Der böse Geist Lumpazivagabundus‹. Wien: Verband der Wissenschaftlichen Gesellschaft Österreichs, 1974. (Diss. Wien [Masch.] 1970.) S. 355–357 und 362 f.

Volker K l o t z untersucht die Briefszene (III,4) im »Lumpazivagabundus«:

»Was Lessing unternimmt, um eine schwierige zwischen-
menschliche Beziehung zu veranschaulichen, überdreht Nestroy zur pfiffig geblödelten Burleske. Der verhäuslichte
Schreiner Leim läßt seinen liederlichen Kumpanen Zwirn
und Knieriem einen Brief zukommen, um ihre Reaktion auf
eine fingierte Hiobsbotschaft zu prüfen. Er vermeldet darin,
er läge schwerkrank danieder, fern in einem Nürnberger
Spital, nachdem er all sein Geld durchgebracht habe, bis auf
hundert Taler, die er hier, im Haus seines Schwiegervaters,
für seine Freunde hinterlassen habe.
Zwar, der Test fällt erfreulich aus: die beiden beschließen
am Ende der ausführlichen Lektüreszene, das Geld nicht
anzurühren, sondern es dem darbenden Absender zu über-
bringen. Doch Nestroy sorgt dafür, daß diese rührende
Pointe völlig verwackelt auf dem überlangen, schlaglöchri-
gen Weg, der zu ihr führt. In den Vordergrund nämlich
rückt die mühselige, sach- und begriffstutzige, von ständig
neuen Mißverständnissen und Störungen gefährdete Rezeption des Briefs. Der Autor verfremdet sie doppelt, indem
er sie doppelt theatralisiert.
Zunächst nimmt er den Rezeptionsvorgang unter eine szenische Lupe. Genauer: er vergrößert und zerdehnt jede
Phase dieses Vorgangs, um die Neugier des Publikums
so lang zu überspannen, bis sie samt dem Briefinhalt, dem sie
gilt, verpufft. Diese Mikroskopie kann dadurch erst voll
gelingen, daß Nestroy, zweitens, die scheinbar einfache,
einhellige, geruhsame Situation eines, der einen Brief liest,
aufspaltet in eine streitlustige Ensembleszene. Und dadurch
als das bewegte Dramolett ausweist, das sie tatsächlich ist.
All die gemischten Empfindungen, die Klärungswünsche
und deutenden Ergänzungen, die Zustimmungen und Widersprüche, die dem Einzelnen bei seiner Brieflektüre durch
den Kopf schießen, gewinnen Stimme, sie veräußerlichen
sich in verteilten Rollen. Auf Wunsch der analphabetischen
Adressaten, die ihm und einander mit anspruchsvoller
Naivität ins Wort fallen, liest Meister Hobelmann das
Schreiben seines Schwiegersohns vor. In winzigen zerhackten
Happen, die von den verqueren Auslegungen, den Sach- und

Verfahrensfragen der unruhigen Zuhörer zerrieben werden.
Unversehens verwandelt sich die Vorlesung in ein krauses
Kolleg über die Ontologie des Briefs. Schreiber und Ge-
schriebenes, Leser und Gelesenes purzeln durcheinander. Das
Hier bestreitet dem Dort den Realitätsgehalt. Jetzt und Damals rangeln um die Gegenwart. Wie kann Hobelmann, im
Präsens, behaupten, er läge weit weg krank danieder, da er
doch augenscheinlich gesund vor ihnen sitzt? Ach so, wo er
›ich‹ sagt, meint er gar nicht die eigene, sondern die dritte
Person, den Leim, der woanders weilt. Umgekehrt zielt ›er‹
nicht etwa auf Hobelmann, sondern auf den gleichen Leim.
Wo sind die Grenzen zwischen Brieftext und Erläuterung,
wenn sie durch ein und denselben Mund verlauten, der mal
in fremder, mal in eigener Sache spricht? Und wie hoch
schließlich beläuft sich der hinterlassene Betrag, nachdem
Hobelmann, durch hartnäckige Interjektionen gezwungen,
den Satz von den 100 Talern dreimal vorliest?
Wenn dann in der nächsten Szene der Absender Leim leib-
haftig aus dem Hinterhalt hervortritt, um sein Schreiben
als mystifizierten Charaktertest zu erklären und in spieß-
bürgerlichem Wohlwollen den Kumpanen zu ihrem Edelmut
zu gratulieren – so gibt Nestroy unausgesprochen den hirn-
rissigen Grundsatzfragen Knieriems und Zwirns auf schräge
Weise recht. Der Brief war fragwürdig, wie jeder Bühnen-
brief.«

                    Klotz: Bühnen-Briefe. Kritiken und Essays
                    zum Theater. Frankfurt a. M.: Athenäum-Ver-
                    lag, 1972. S. 46–48. © Akademische Verlags-
                    gesellschaft Athenaion, Wiesbaden.

Franz H. M a u t n e r (1974):

»Was erklärt den ungeheuren, länger als ein Jahrhundert
währenden Erfolg des ›Lumpazivagabundus‹? Zunächst
bemerkte man das Talent des Verfassers ›für Schilderungen
aus dem Leben gegriffener Volksszenen‹ und gab ihm den
Rat, die ›volksdramatische Richtung‹ zu nehmen. (Er war
anonym geblieben, man meinte aber, das Kometen-Lied
›voll Witz und beißender Sarkasmen‹ dürfte allein schon
ihn verraten.) Auf die Motivierung durch Zauberhandlung,
ein Werkzeug, ›welches gegenwärtig zum Spielzeug gewor-

den ist‹, hätte man gerne verzichtet. Alle diese Bemerkungen
stammen von Karl Meisl, dem beliebtesten Wiener Lokal-
possen-Dichter. Er sah offenbar in Nestroy seinen Nachfolger.
Der Hinweis auf die ›volksdramatische Richtung‹ ist das
entscheidende Wort für die Beurteilung im Guten und im
Bösen, die Nestroy von nun an erfahren sollte. Vom ›Lumpazi‹ an sah man in ihm den Mann, der das Wiener Lokalstück auf ein höheres Niveau bringen sollte. Je mehr die
Zeit dem Drängen nach Realismus im Leben und in der
Kunst nachgab, desto lauter sollte diese Forderung werden,
desto größer die Enttäuschung sein, wenn sie nicht erfüllt,
und desto freudiger die Anerkennung, wenn sie befriedigt
war oder zu sein schien.
Tatsächlich war im ›Lumpazi‹ mit kraftvoller Zeichnung
eine Handlung aus vertrauter Gegenwart vorgeführt worden, nicht allzu unwahrscheinlich, in Szenen, die hie und
da haltzumachen schienen, um ein Milieu- oder ein Charak-
terbild darzubieten, abgerundet und proportioniert als Ganzes, scharfkantig, aber nur leicht karikiert in einzelnen
Figuren, wie der Zwirns, einigermaßen grotesk nur noch in
der Knieriems. Eine Stimmung ausgelassener Fröhlichkeit
durchzieht das Stück und schien die Bezeichnung ›Posse‹ zu
rechtfertigen trotz der scheinbaren ›Besserungs‹-Tendenz
und dem Eindruck des Abgerundeten. Das Bedürfnis nach
theatralischen Tableaux war befriedigt, mit überzeugender
Anmut, wo Leim seine Peppi auf die Kiste mit Geldsäcken
setzt und mit ihr abzieht, als hätte man die farbige Illustra-
tion eines Märchens vor sich oder eine nun gelöstere, herz-
lichere Art barocker Allegorik. [...]
Noch heute entzückt den in Vorstellungen Denkenden die
phantastische Komik der kapriziösen, kränkelnden Sonne,
der Sterne, die sich zu stark der Nachtluft aussetzen, des
ohne Paß herumvagabundierenden Kometen, und der ab-
strahierende Kopf ist heiter verblüfft vom Gedanken ›es
ist kein Ordnung mehr jetzt in die Stern', d' Kometen müßten sonst verboten wer'n‹; die Zuhörer lachten über den
Umsprung vom Aktuellen zu Ewigem und umgekehrt, und
das Ganze ist vorgebracht von einem Rauschigen. Die Forderung nach dem Verbot der ordnungswidrigen Kometen
muß im Vormärz besonders tiefe Heiterkeit hervorgerufen

haben bei einem Publikum, das es gelernt hatte, verborgene
Sarkasmen auf das polizeiliche Überwachungssystem rasch
aufzufassen. Über Zeitsatire hinaus wird die Forderung,
den stellaren Vagabunden abzuschaffen, ewig bestehen als
Satire auf den Spießbürger, der seine Ordnungsliebe selbst
dem Kosmos auferlegen will. Ob der astronomisch-termino-
logische Galimathias vorher außerdem Fachgelehrtentum
verhöhnt oder Halbbildung, wie behauptet wurde, ist un-
wichtig gegenüber der Tatsache, daß er in Knieriems Mund
so wirken *kann*, und bezeichnend für die satirische Gewalt,
die von der Figur dieses versoffenen Weltweisen ausgeht.
(In Wirklichkeit steckt wohl einfach Nestroys oft betätigte
Freude an sprachlicher Mimesis dahinter.) [...]
Angesichts der Erinnerungen von Nestroys Zeitgenossen an
seine überragenden schauspielerischen Leistungen, wie in
der Rolle des Knieriem, die geradezu aufregend wirkten und
eine Fülle von leidenschaftlich diskutierten Problemen der
Darstellung boten, verstehen wir es, daß sie gerade bei den
verständigsten Beobachtern das Interesse am Stück selbst
verdrängten und fragen uns umso mehr, woher die lebendige Eindringlichkeit der Gestalten bei bloßer Lektüre
stammt und woher der Eindruck, daß bei aller ›Gewöhnlich-
keit‹ der Handlung ein überlegener Geist sie geschaffen
habe und daß das Komische hier als ›Bedeutendes‹ wirkt;
kehrt doch auch in den Rezensionen das Wort von der ›abstrakten Liederlichkeit‹ wieder. Geist und eine intuitive ursprüngliche Sprachkraft sind hier offenbar einander stei-
gernd am Werk, so daß Rollen und Situationen, kurz Ein-
zelfälle, wie Verkörperungen eines Abstrakten sich ausnehmen und abstrakter Witz aus der individuellen Art der
Figuren hervorzugehen scheint; und Gestalten, die man nie
auf der Bühne gesehen hat, bekommen von der Sprache ihre
unverwechselbare Körperlichkeit geliehen. [...]
So trifft der Vorwurf, der später Nestroy gemacht wurde,
er zimmere flüchtig Figuren als Gestelle, um an ihnen seine
Witze aufzuhängen, hier nicht einmal als Tatsache zu: alles
in den Gestalten greift ineinander, ist ausgewogen und sie
bewegen sich mit festem Schritt.«

Mautner: Nestroy. Heidelberg: Lothar Stiehm
Verlag, 1974. (Poesie und Wissenschaft III.)
S. 171–173, 175 und 176.

Aus Zeitungskritiken der Baseler »Lumpazivagabundus«-
Inszenierung von Hans Hollmann (1975):

»Auf die dem Werk innewohnenden realistischen Züge verzichtete Hans Hollmann weitgehend. Er ließ sich von Wolfgang Mai schnell auswechselbare, putzige Biedermeier-In-
terieurs entwerfen, die im Zusammenhang mit grauen Stoff-
bahnen und einem projizierten Wolkenhimmel hübsche Wirkungen zeitigten, während die Brecht-Gardine weniger ins
Ganze passen wollte. Auf Realismus verzichtete Hollmann
ebenfalls in der den Kern der Inszenierung bildenden Sprach-
behandlung, hielt sich aber auch nicht streng an die von
Nestroy vorgezeichneten Sprachebenen. Er ließ im Gegenteil
sowohl die in affektiertem Schriftdeutsch parlierenden Feen
als auch die handfesteren Dialekt sprechenden Sterblichen
sich in einer künstlich-manierierten Diktion ausdrücken,
durch welche das ganze Stück (auch gestisch) in Richtung auf
eine Verfremdung gerückt wurde. [. . .]
Immerhin wurde auch das Schaubedürfnis mit reizvollen
Arrangements und mit der lustigen Opernparodie gestillt.
Zahlreiche Szenen wurden allerdings ungebührlich zerdehnt
und nahmen der Aufführung die komödiantische Verve.«

Neue Zürcher Zeitung. Nr. 246. 23. Oktober
1975. S. 37.

»Daß auch Hollmann den üblichen Weg der Lüge gehen
würde, daß auch er Nestroy zu einem niedlich-biedermeier-
lichen Singspielautor verharmlosen würde, war nicht zu befürchten – davor schützt diesen Regisseur sein böser Blick
auf Menschen. Aber was bringt dieser Blick bei Nestroy?
Sicher, die von Nestroy höchst lustlos und liederlich ge-
schriebene Rahmenhandlung (›im Wolkenpalast des Feen-
königs‹), die zynisch-ironische Abrechnung mit dem alten
Wiener Zauberstück, gelang noch ganz lustig: Der Feenkönig war ein zitternder, bibbernder Märchengreis, Amorosa, die Fee der Liebe, erschien wie eine aufgeregte Haus-
frau zum Geistertreffen, verspätet und mit einem Einkaufs-
netz voll Gemüse. Aber als das Stück aus diesem faden
Himmelreich hinabstieg zur Erde, ging auch die Inszenierung zu Boden, verlor sich in misantrophischen Klischees,
die ein bißchen finsterer, aber kaum intelligenter aussahen
als die üblichen Klischees in Rosa. [. . .]

Das Kunststück bei Nestroy wäre ein kompliziertes: Zu
entdecken ist ein Autor, der realistische Operetten geschrieben hat, Stücke, so theaterselig wie böse, so poetisch wie
unverlogen. Hollmann aber tut so, als sei das Gegenteil von
herzig herzlos. Der neue Nestroy ist das nicht.«

Die Zeit. 24. Oktober 1975.

2. Stimmen zu Nestroy

Die wichtigsten zeitgenössischen Zeugnisse und andere für
die Rezeptionsgeschichte Nestroys bedeutsame Dokumente
sind in »Erläuterungen und Dokumente zu Nestroy: Der
Talisman« (Reclams Universal-Bibliothek. 8128) abge-
druckt.

Alfred P o l g a r (1926):

»Opus virumque cano – Nestroys Figuren sind ein Produkt
der Luft, die sie atmen, der Sonne, die ihnen scheint. Sie
stecken in ihren Gassen und Stuben, in den Stätten ihrer
Arbeit und ihres Vergnügens, in den Tugenden und Lastern,
die das moralische Klima des Erdenflecks gedeihen läßt, wie
in ihrer Haut, aus der sie nicht können. Der Geist der
Dinge, um die ihr Sinn im engsten Kreise kreist, ist in sie
gefahren. Es gilt nicht nur so zum Spaß, daß sie Zwirn,
Leim, Knieriem heißen: das Handwerk, das sie üben, übt
sie.
Nestroys Stücke sind leichthin konstruierte, spielerisch bewegliche Modelle der Welt, die ihm Heimat war. Dem
Klaren und Trüben, dem Witz und Aberwitz, Geist und
Ungeist, Charakter und Uncharakter dieser Welt gab er
Gestalt und Wort. Seine Hellhörigkeit vernahm die Natur-
stimmen des Lebens, der Land- und Menschenschaft um
ihn, und sein Genie fand die witzigsten Zeichen, sie zu
fixieren.
Über seinen Gestalten schwebt das Lächeln der Götter, zumindest jener, die mit Wien etwas zu tun hatten. Denn
Nestroys Menschen sind artikulierte Natur, seine Schwänke
lustigste, weiseste Menschen-Fabeln. Man muß diese närri-
schen, vom Dichter belebten Lebewesen aus dem Wiener

Busch, auch die Argen und Schlimmen, die Faulen und
Gefräßigen, die Tölpel und die Übertölpelten, lieben, man
kann Reineke Mensch so wenig böse sein wie Reineke Fuchs.
Nestroy war kein Moralist. Wenn bei ihm die Tugend das
Laster besiegt und Hochmut vor dem Fall kommt, so ist das
ein sittliches Ordnungmachen weniger um der Sittlichkeit als
der Ordnung willen. Nur keine Schlamperei.

Den Kleinen von den Seinen kam er als Erlöser. Er lockerte
ihnen das Herz und die schwere Zunge: nun reden sie im
Idiom ihres Mundes das Idiom ihrer Seele. Er gab der Ein-
falt Witz, sich zu bekennen, den Armen im Geiste die Philosophie dieser Armut, der Narrheit Grazie, den Plumpen
und Schweren die Impertinenz ihres bessern Gleichgewichts,
den Vagabunden die goldene Laune der Freiheit, den Habe-
nichtsen den Humor des Unbelastetseins und Nichts-mehr-
verlieren-könnens. In der Komik dieser Figuren löst sich
alles Niedrige ihrer Art und Gesinnung. Verwandelt und
verklärt ist das Gemeine (das uns alle bindet) durch das
Lächerliche (das dies auch tut). Unvergleichlich heitere Land-
schaft der engen Horizonte, Fata morgana einer allerfidel-
sten Kleinbürgerei, holder Trug der Wienerluft-Spiegelung.
Weich im Raume stoßen sich die Menschen. Pathetische Substanz wird zerbröselt und weggeweht von Gelächter.

Nestroy hat den absoluten Humor der Welt, in der er zu
Hause ist, gesehen, ihre konstitutionelle, nicht zufällige Pos-
sierlichkeit. In den Figuren (die er, sie entdeckend, erfand)
scheint der Typus auf seine letzte Spaßigkeitsformel gebracht, seine innerste Komik befreit, herausgesprengt aus
allen Bindungen. Naturalistisch ist an diesen Figuren, trotz
ihrer himmlischen Echtheit, gar nichts. Von den Sternen,
unter denen sie geboren sind, leuchten nur die goldpapiere-
nen. Eine beglückende astrologische Konstellation, der die
Hausknechte und Lehrbuben die Luzidität ihrer Dummheit,
die Commis ihre hinreißende Beredsamkeit, die Kutscher,
Kellner, Wächter das Bezaubernde ihrer Gefräßigkeit, Grob-
heit und Habgier verdanken. Nestroys Dichtung ist das
schönste Monument, das je dem Mutterwitz eines Volkes
errichtet wurde.

Er selbst, dieses Witzes souveräner, schonungsloser Gebrau-
cher, sah durch ihn die Menschen, die er sah, in allen Farben und Ultrafarben. Und baute aus solcher Buntheit den

heitern Regenbogen seines Possenwerkes: als Zeichen der
Versöhnung zwischen Schöpfer und Kreatur.«

Polgar: Nestroy. In: A. P.: Ja und nein. Darstellungen von Darstellungen. Hrsg. von Wolfgang Drews. Hamburg: Rowohlt, 1956. S.
34–36. © Rowohlt Verlag GmbH, Hamburg,
1956.

Martin G r e i n e r (1953):

»Nestroy steht damit als Mensch und als Künstler in einem
schmerzlichen und nicht bemeisterten Zwiespalt zwischen
Hochmut und Demut. Er gehört zu den Menschen, denen
die Aussicht nach drüben zwar nicht verrannt, aber sozio-
logisch verstellt ist und die nun ihrerseits darauf mit Verstellung reagieren, das heißt, um das griechische Wort dafür
zu gebrauchen, mit Ironie (eironeia).
Auch die Ironie, die Kunst der schalkhaften Verstellung, ist
ein romantisches Erbteil. Die ironische Haltung ist kenn-
zeichnend für den romantischen Menschentypus. Aber die
romantische Ironie ist Ausdruck einer geistigen Elite, einer
führenden Schicht, die sich über ihre Skepsis mit einem
Augenlächeln, mit individueller Überheblichkeit und der
Vorspiegelung innerer Überlegenheit hinweghilft. Deshalb
sind für den romantischen Menschen ebensosehr auch die
religiösen Zusammenbrüche bezeichnend, die häufigen Kon-
versionen, der rettende Umschlag von der Skepsis zum Glauben, die individuelle Zuflucht in den seligmachenden Schoß
der Kirche. Solche *romantische* Ironie ist nicht Nestroys
Sache. Seine Ironie ist nicht die Ironie der führenden, sondern der geführten Schicht. Sie dient nicht, wie bei dem
Romantiker, zur Überbrückung eines individuellen Kon-
fliktes, sondern einer gesellschaftlichen Situation. Nestroy
schwankt nicht zwischen Glauben und religiöser Skepsis,
sondern zwischen Autorität und Freiheit. Auf diese Weise
wird die romantische zur politischen, die individuelle zur
gesellschaftlichen Ironie. Wo dieser Konflikt in den Vordergrund rückt, dort verwandelt sich die Posse oder die Zauberposse zum Volksstück oder zur Parodie. Damit sind die
Möglichkeiten von Nestroys Dichtkunst erschöpft und um-
schrieben.«

Greiner: Zwischen Biedermeier und Bourgeoisie. Ein Kapitel deutscher Literaturgeschichte.
Göttingen: Vandenhoeck & Ruprecht, 1953. S.
46.

Claudio M a g r i s (1966):

»Der Nestroyschen Komödie liegt ein statischer Pessimismus und die Auffassung von einer in ihrer Bosheit unverbesserlichen Menschheit zugrunde, die keiner Besserung oder Entwicklung fähig ist. Diese Grundhaltung erhält jedoch durch die allzeit rege Einbildungskraft eine unerschöpfliche Vitalität, so daß sie niemals in der Formel und im Schema erstarrt. Der österreichische, zur optimistischen Lebensfreude nur scheinbar in Widerspruch stehende Pessimismus hinsichtlich der historischen und moralischen Befähigung des Menschen, erlangt in Nestroys Schaffen den Höhepunkt des Biedermeierlustspiels, das das plebejische Salz und den Gärstoff der Plautinischen Posse zugleich enthält. Das Biedermeiertheater hatte es in der ausgelassenen Komik Bäuerles oder im musikalischen Märchen Raimunds stets vermieden, der menschlichen Kleinlichkeit auf den Grund zu schauen; es hatte sich davor zurückgezogen und sie in der scherzhaften Pointe zu mildern oder im Traum zu vergessen versucht; dies sind im Grunde genommen zwei verschiedene Arten, die Wirklichkeit zu mildern oder zu idealisieren. [...]
Nestroys Theater ist ein Spiegel der gesamten habsburgischen Gesellschaft, von der er manche Aspekte und Gestalten aufs Korn nimmt und damit dem Mythos einverleibt. Das Wiener Volks*gemüt*, diese Welt ›wo's geduldige Weiber, wo's Kaffeehäuser und Bierhäuser gibt‹, findet samt ihren zahlreichen, lustig lebenden *Lumpen* in vielen Komödien lebendigste Verkörperung; besonders wird in ›Der böse Geist Lumpazivagabundus oder Das liederliche Kleeblatt‹ (1833) die alte Wiener Volkstradition, nämlich die Verherrlichung des armen, saufenden, glücklichen Nichtstuers, mit einem Wort, des *lieben Augustin*, der von Trunk und Schabernack lebt, zu künstlerischer Würde erhoben.
Die leichtsinnigen Streiche der drei Freunde Leim, Zwirn und Knieriem, für die jeder Tag ein *blauer Montag* ist und die ihr Leben in den Wirtshäusern zubringen, die die Liebe besingen und in den Sternen nach dem Weltuntergang forschen, um ihn trinkend abzuwarten, sind von Nestroy mit glücklicher Hand gezeichnet und verbreiten unverfälschte Lebensfreude. Die Gestalt Knieriems aber verewigt eine

der Figuren der österreichischen Literatur, den versoffenen
Schuster, Spaßvogel und oft politisierenden Philosophen,
der, mit scharfem Verstand begabt, stets unter dem Schutz
des Geistes Lumpazivagabundus lebt [...].«

Magris: Der habsburgische Mythos in der
österreichischen Literatur. Salzburg: Müller,
1966. S. 84 f.

Rio P r e i s n e r (1972):

»Hier nur einige Beiträge zu den vielschichtigen Topoi eines
konservativ zu nennenden Dichters. Im Thema des *Unverbesserlichen* machen sich beide Aspekte der aufgeklärt kon-
servativen Weltanschauung geltend: einerseits der Angriff
des Skeptikers gegen das bürgerliche Schwärmertum des
Fortschritts, andererseits die Konstituierung des *unvollkom-
menen* Menschen als Gegengewicht zu jeglichem spirituali-
stisch-utopischen Über- und Neumenschentum. Knieriem steht
da im äußersten Gegensatz zu Holofernes, dem leibhaften
Hanswurst, in den sich jedoch der ›Antiknieriem‹ Gundel-
huber fortschreitend entwickelt. So etwa wären die Ver-
bindungs- und Spannungslinien auf recht vereinfachte Weise
zu führen. In den Gestalten Longinus und Knieriem räumt
Nestroy mit Raimunds subjektivistischer, dualistischer (d. h.
wirklichkeitsfeindlicher) Mythologie auf. Beide Gestalten
sind ›unverbesserlich‹, jeglichen Erziehungsplänen und -ver-
suchen der Geister unzugänglich, weil sie eben menschlich
unvollkommen sind. Ihre Unvollkommenheit ist nicht mehr
auf eine Scheinvollkommenheit des Geisterreichs angewiesen (in das sie zuletzt als ›verbesserte‹ Vollkommene und
›neue‹ Menschen eingehen sollten), sondern auf unvoll-
kommene Weise an die Vollkommenheit des Schöpfers. Nach
der Revolution von 1848 dialektisierte Nestroy das Motiv
der Unverbesserlichkeit durch die Kategorie des Fortschritts.
Ein echt konservativer Griff! Nestroy, als einer der wenigen
durch Geschichtssinn Begnadeten, scheint erkannt zu haben, daß sich beides, Unverbesserlichkeit und Fortschritt,
ergänzt. Der Fortschrittsglaube verbindet sich in geschichtlicher Folgerichtigkeit mit der Unverbesserlichkeit seines
Bekenners. Gundelhubers Unverbesserlichkeit – qualitativ
allerdings unterschieden von derjenigen Knieriems (auch
dies müßte ausführlich analysiert werden) – ist bereits

identisch geworden mit seiner ›selbstverständlichen‹ Fortschrittsgläubigkeit. [...]

Unerforscht bleibt auch das merkwürdige psychologische Phänomen, das stets aufs neue im Verhältnis des zeitgenössischen Publikums und der Kritik zu Nestroys Stücken hervortritt: das chronische Mißverstehen seiner satirisch-parodistischen Absichten und Ziele. Ich streife dieses Thema bereits im Zusammenhang mit meinen Bemerkungen zu Nestroys Opernparodien. Eine adäquate Erklärung müßte wiederum jene zwei Zeittendenzen in Betracht ziehen, die schon zum Verständnis des Gegensatzes Raimund–Nestroy hinzugezogen worden sind: die vorindustrielle, retardierende, die immer noch alles Zauberwerk ernst, alle Theaterillusion naiv, unproblematisch entgegennahm; und die fortschrittliche, der es um die angenehme, womöglich gedankenlose industrialisierte Unterhaltung ging. Hierbei tritt noch ein ›Drittes‹ als Folge dieser sich bekämpfenden Einstellungen zutage, nämlich das sich wiederholende Aufbegehren von Publikum und Kritik (›Gemeinheit! Schmutz!‹) gerade dort, wo Nestroy nach der einzigartigen reduktiven Synthese von enthüllender Gipsrealität und ätzender Parodie greift, durch die er sich listig in die ambivalente Sphäre der ebenso naiven wie trägen Aufnahmebereitschaft seines Publikums einzuschleichen versucht.

Knieriem bildet den Ausgangspunkt einer Reihe von Gestalten, mit denen Nestroy den sozialen und gesellschaftlichen Wandel der dreißiger Jahre zu erfassen suchte. Es ist auch die erste lebendige, folgerichtige Figur, mit der Nestroy das Raimundische in sich überwunden hat. Der Abbau des Zaubers spielt dabei eigentlich eine sekundäre Rolle, auch wenn gerade unter dem Anprall von Knieriems gewichtig apokalyptischem Naturell die (biedermeierliche) Zauber- und Scheinwelt hilflos zerfällt. Es wäre immerhin der Mühe wert, die Zauberwelt des ausgeprägt dualistisch (hie Geld – hie Geist) eingestellten liberalen Bürgers mit der Gesamtillusion des Spätbürgers (Vergeistigung der unsichtbaren Macht) zu vergleichen.

Der Zauber schwächte zwar die Realität der Welt, hob sie jedoch nicht restlos auf; der spätere Schein, der sich dann in die ›abstrakte Konkretheit‹ verhärtet, negiert die Wirklichkeit ohne Rest. Wenn jedoch Pechberger (das Modell zu

Knieriem) im Anfall des Revoluzzertums singt: ›Die Welt
steht auf kein' Fall mehr lang‹ (I,483) (sei es schon mit oder
ohne Betonung des Artikels), so stellt er sich damit noch
nicht an die Seite der Revolutionäre der permanenten, d. h.
totalitären Revolution, die *diese* Welt grundsätzlich (d. h.
auch jenseits jeglicher sozialen Kritik) negieren, sondern
hebt die Welt auf paradoxe Weise auf (viel Barockes klingt
noch darin aus), indem er ihre unaufhebbare Schönheit als
diejenige erkennt, die einer Transfiguration als Geschenk aus
freiem Entschluß des Schöpfers entgegenharrt, um in ihrer
Fülle erst ganz wirklich zu werden. Jedoch nicht nur Knieriem, sondern auch Leim stellt eine ausgesprochen antirai-
mundische Gestalt dar. Die melancholische Leere seines ›ge-
treuen Liebens‹ wird erst durch Zwirns Flatterhaftigkeit ausgefüllt. Beide zusammen ergeben die Janusgestalt des Bürgers, der – als Revolutionär der permanenten Verneinung
eingenistet in der Welthaftigkeit der Welt – im Inneren seiner Existenz den Haß gegen ihre wirkliche Wirklichkeit
nährt. Nestroy bekam es zu fühlen, wie schwer es ist, den
Bürger die wahre Liebe zur Weltwirklichkeit zu lehren. Das
aufgeregte Publikum, in das er einmal mit Kartätschen schießen wollte, war nicht nur durch die Beschränktheit, sondern
auch durch die Systeme des deutschen Verschwöreridealismus
und die daraus entstehenden Ideologien gepanzert.
Nestroy wird oft und irrtümlicherweise mit Schopenhauer
verglichen, und das bedeutet, daß man ihn dem billigen
bürgerlichen nachrevolutionären Pessimismus und Nihilis-
mus in die Arme werfen will.«

Preisner: Der konservative Nestroy: Aspekte
der zukünftigen Forschung. In: R. P.: Aspekte
einer provokativen tschechischen Germanistik.
T. 1: Kafka – Nestroy. Würzburg: jal-verlag,
1977. S. 106–121.

IV. Texte zur Diskussion

Schon die Dokumente zur Wirkungsgeschichte haben deutlich gemacht, daß Nestroys Stück im größeren Kontext der Zeit und Gesellschaft gesehen werden muß. Die folgenden Texte wollen diesen Kontext ausschnittweise an fünf Themenkomplexen veranschaulichen: 1. Geschichtlicher Hintergrund, 2. Vorstadttheater, 3. Zensur, 4. »Zauberspiel« und »Besserungsstück« und 5. Publikum des Volks- bzw. Vorstadttheaters.
Die Texte sollen helfen, Nestroys Stellung zur Tradition und ihrem geschichtlichen Wandel zu bestimmen, gleichzeitig die vielfältigen Bedingungen des Theaterbetriebs sichtbar machen, die sich im Stück selbst und in seiner Wirkung widerspiegeln.

1. Geschichtlicher Hintergrund

Schon die Zeitgenossen spürten, daß mit dem Erscheinen des »Lumpazivagabundus« eine andere Art der Weltsicht auf der Wiener Vorstadtbühne eingekehrt war. Mit Nestroy erkannten sie, daß die gute alte Zeit nur noch im Märchenspiel Wirklichkeit war, während sich das Leben selbst nach 1830 unter tiefgreifenden sozialen, ökonomischen und politischen Veränderungen wandelte. Die »Vormärz«-Zeit löst die »Biedermeier«-Zeit ab; schon zeigen sich die Vorboten der Revolution.

Viktor B i b l in »Der Zerfall Österreichs« über die Zeit um 1830:

»Die gebildeten Stände, die unter dem beispiellos schweren Druck der polizeilichen Zensur seufzten, begrüßten in dem Siege der Julirevolution die Morgenröte einer besseren Zeit. Der leicht entzündliche Bauernfeld jubelt auf: ›Revolution in Frankreich! Viktoria! Der König fortgejagt ... Paris ist groß!‹ Auch der schwerblütige Grillparzer ruft ganz begeistert aus: ›Ich wollte, ich wäre in Frankreich und ein Eingeborner; ich wäre jetzt in der Stimmung, mich für eine

interessante Sache totschießen zu lassen.‹ Zwar sieht der
stets von Zweifeln angekränkelte, im Innern doch so konservativ denkende Dichter auch die Kehrseite, den ›Demo-
kratismus‹ – ›und doch‹, so tröstet er sich rasch, ›immer besser als der Geist unterliegt und die edelsten Bedürfnisse
der Menschen werden einem scheußlichen Stabilitätssystem
zum Opfer gebracht‹.

Es waren das Gedanken und Stimmungen, die, dem sorgfältig verschlossenen Tagebuch anvertraut, nicht für die
Öffentlichkeit bestimmt waren, aber bald erhebt ein anderer
offen und laut seine Stimme zugunsten der Freiheit: Ana-
stasius Grün oder, wie er mit seinem wirklichen Namen
hieß, Anton Alexander Graf von Auersperg. In seinen im
Jahre 1831 erschienenen ›Spaziergängen eines Wiener Poeten‹, die für die politische Literatur der dreißiger und
vierziger Jahre – auch für Deutschland – vorbildlich geworden sind, schildert er die ›Salonszene‹, die sich im Vorzim-
mer des Staatskanzlers abspielte. Da steht ein ›dürftiger
Klient‹, der bescheiden an der Tür des Allgewaltigen klopft
und auf die Frage ›Wer ist's‹ schüchtern zur Antwort gibt:

Österreichs Volk ist's, ehrlich, offen, wohlerzogen auch und
                                                   fein,
Sieh, es fleht ganz artig: Dürft' ich wohl so frei sein, frei
                                              zu sein?

Der ›Rheinische Kurier für das konstitutionelle Deutschland‹ vom 11. März 1831 verriet in einem vielbesprochenen
Artikel, daß die neuen Verfassungs- und Reformideen auch
in Österreich Eingang gefunden und im Mittelstand sehr
verbreitet seien. Das mag schon stimmen – wissen wir doch,
daß einer der tüchtigsten Offiziere der kaiserlichen Armee,
General Radetzky, in seiner Denkschrift aus dem Jahre 1828
das ›weise und große‹ Prinzip, allen Staaten entsprechende
Konstitutionen zu geben, begrüßte, um daran die Hoffnung
auf eine tiefgehende Reform des Heerwesens auf der Grund-
lage von Bürgersoldaten zu knüpfen.

Die stets ›aufsichtige‹ Polizei mußte die Tatsache, daß in
den ersten Tagen nach dem Bekanntwerden der Pariser
Vorgänge viel von Preßfreiheit und Volkssouveränität gesprochen wurde, der besorgten Regierung gegenüber zu-
geben, zeigte sich indessen darüber noch nicht allzu sehr

beunruhigt. Diese Ideen, berichtete sie, finden bloß in den
Köpfen einiger ›neuigkeitslustiger‹ Menschen Beachtung, so
wie etwa die Expedition nach Algier oder die Pest in Odessa;
›vielmehr zeigten sich beinahe überall Symptome jener zu-
friedenen Behaglichkeit, die der Mensch empfindet, wenn
er sich in Sicherheit fühlt und die Stürme um ihn her wü-
ten‹.

Der amtliche Stimmungsbericht log – er sagte nicht die ganze
Wahrheit. Gewiß, die unteren Schichten des Volkes, besonders die, welche überhaupt nicht lesen konnten, kümmerten
sich nicht sehr um die Preßfreiheit, und auch das Wort
›Konstitution‹ sagte ihnen nicht allzuviel; aber billiger leben, weniger Steuern zahlen wollten sie, und gerade nach
dieser Richtung hin war jene ›zufriedene Behaglichkeit‹, von
der die Polizei zu melden wußte, sehr stark in Frage gestellt. Kaum zwei Wochen vorher hatte es an der Lerchen-
felderlinie in Wien einen argen nächtlichen Krawall gegeben. Er wurde sorgfältig vertuscht, aber alle Geheimnis-
krämerei nützte nichts: man sprach dennoch von ihm und
übertrieb womöglich die Tatsachen. Der Auflauf war, wie
wir heute aus dem amtlichen Bericht wissen, wirklich gar
nicht so unbedenklich; denn es nahmen daran etwa 4–5000
Personen teil und es mußte, nachdem auch eine Kavallerie-
patrouille nichts hatte ausrichten können, eine ganze Kom-
pagnie Infanterie herangezogen werden, um die Ruhe wie-
derherzustellen. Den unmittelbaren Anlaß gab die Verzehrungssteuer, die kurz vorher, im Jahre 1829, eingeführt
worden war und überaus böses Blut machte.

Man kann von dieser neuen Steuer nicht behaupten, daß
sie ohne reifliche Erwägung, ohne gründliche Einvernahme
der Landes- und Lokalbehörden in die Welt gesetzt wurde.
Was der obersten Finanzverwaltung bei ihrer Einführung
vorschwebte, war einmal eine Vereinfachung der indirekten
Abgaben, wie denn gleichzeitig die alte Tranksteuer ebenso
wie die Klassen- und Personalsteuer aufgehoben wurde, und
natürlich auch eine Mehreinnahme, die sie bei dem desolaten
Zustand der Staatsfinanzen dringend nötig hatte. Allein
trotz den jahrelangen Vorbereitungen klebten der Verzehrungssteuer Mängel und Härten an, gegen die sich auch die
Regierung später nicht verschließen konnte. Konsumsteuern,
welche die allernotwendigsten Nahrungsmittel wie Erd-

äpfel, Milch und Getreide treffen, sind in der Regel nicht
beliebt; aber das ›vexatorische‹ der Eintreibungsart machte
das drückende der neuen Abgabe noch fühlbarer. Als dann
später – im Mai 1830 – auch die Einschränkungen, welche
zugunsten der ärmsten Volksklassen gemacht worden waren,
aufgehoben wurden, bemächtigte sich derselben eine starke
Erregung. Bittere Äußerungen fielen, wie: ›Jetzt will der
Staat von den armen Leuten reich werden; die zwei Kreuzer werden ihnen auch was rechtes helfen.‹ Das Ergebnis
war, wie die Polizei der Regierung berichtete: ›Den Armen
drückt die Steuer und der Wohlhabende fühlt Mitleid, folglich sind alle Klassen damit unzufrieden.‹ [...]
In der Volksstimmung war seit den Julieignissen des
Jahres 1830 ein offenkundiger Wandel eingetreten. Hatte
damals der Polizei-Oberdirektor Baron Waldstätten die
Regierung mit dem Hinweise getröstet, daß das berühmte
›Phlegma‹ der Österreicher, dieser ›schätzbarste Charakter-
zug der Nation‹, ihr ›kindliches Gemüt‹ und ihr ›lebhaftes
Gefühl für Gehorsam und Subordination‹ den Ausbruch
einer Revolution nicht befürchten ließen; hatte er versichert,
daß die Anhänglichkeit an den Monarchen besonders bei
den Wienern infolge ihrer nahen Berührung mit dem Hofe
so hoch entwickelt sei: so mußte er jetzt nach kaum einem
Jahre dem Kaiser die Stimmung selbst in der Residenz als
›sehr gereizt und ungünstig‹ bezeichnen. [...]
Die Unzufriedenheit, die schon lange im Verborgenen her-
umschlich, trat jetzt [nach dem Tod Kaiser Franz' 1835]
offen heraus – und unzufrieden waren wirklich alle Stände
und Klassen von den untersten Volksschichten bis hinauf
zu den höchsten Kreisen. Daß die Vertreter der Literatur
und der Wissenschaft schwer unter dem eisernen Druck des
Sedlnitzkyschen Polizeiregiments litten, das wird uns nach
all dem, was wir über Franzens ›scheußliches‹ Stabilitätssystem hörten, nicht weiter wundernehmen: die verdrossene
Heimatsliebe eines Grillparzer ebenso wie die Bitterkeit
eines Bauernfeld, der sich als den ›Vorschimpfer‹ bezeichnete, wie der verbissene Humor eines Nestroy sind dafür
genügende Beispiele.«

Bibl: Der Zerfall Österreichs. Bd. 1. Wien/
Berlin/Leipzig/München: Rikola, 1922. S. 354
bis 356, 367 und 388 f.

Ernst Violand über die Zeit aus sozialgeschichtlicher Perspektive:

»Österreich hatte ein Proletariat, welches dem von Frankreich nicht viel nachstand, und all das schauderhafte haarsträubende massenhafte Elend, dessen Schilderung den zarten Wiener Damen bei Lesung Eugen Sue'scher Romane Thränen entlockte und ihr Mitgefühl bedeutend aufregte, würden sie in Wien selbst, in Wirklichkeit gefunden haben, wenn sie demselben nur ein wenig nachgeforscht hätten. So aber wußte man gar nicht, – wenigstens nicht bis in die neueste Zeit, – daß es in Österreich und namentlich in Wien ein Proletariat gäbe und hielt diejenigen, welche durch Hunger und Elend, um sich das Leben zu fristen, auf die Bahn der Verbrechen geführt wurden und die Zuchthäuser füllten, nur für wenige arbeitsscheue Menschen, welche an ihrem Unglück selbst Schuld trügen.

Wie hätte man auch mit einem Blicke all das ungeheure Elend Wiens übersehen sollen? Es existirte ja kein Blatt, welches dasselbe auf einmal vor die Seele geführt, welches die Leiden und Klagen der Armen mitgetheilt hätte! Und doch war dies Proletariat ungeheuer und vermehrte sich von Jahr zu Jahr. [...]

Die Arbeiter hatten auch gar kein Mittel, ihrem Elende abzuhelfen. Unbedingt mußten sie sich dem Willen ihrer Herren und Arbeitgeber unterwerfen. Arbeiter-Associationen waren strenge verboten und die Verabredung derselben unter einem gewissen Minimum des Lohnes nicht arbeiten zu wollen, war mit strengen Strafen bedroht. Ihnen, den Parias der Gesellschaft, war es verboten, für ihren Vortheil zu wirken, damit der Handel und die Industrie nicht durch erhöhten Lohn leide und die österreichische Fabrikation mit dem Auslande Concurrenz halten könne, während doch die Arbeitgeber sich offen gegen sie zur Verkürzung des Lohnes verschworen, und sich zu diesem Behufe verschwören durften.

Doch dies war nur eine Consequenz der Ordnung des Staates, denn da dieselbe auf das Privilegium gebaut war, so durfte sich nicht allein der Adel und mit ihm der adelige Grundbesitz eines Vortheiles erfreuen; denn hätte man die beherrschte Klasse nicht gleichfalls durch Privilegien und

durch ihr Interesse geschieden, so würden die Adelsmacht
und die Bureaukratie, diese eigentlich herrschenden Klassen,
dem Stoße der gleichen übrigen abhängigen Gesellschaft
schon lange nicht haben widerstehen können. Demnach
mußten dem Handelstande, den Gewerben durch Zunft-
ordnungen und Innungsgesetze Vorrechte eingeräumt werden, und sie wurden es hauptsächlich dadurch, daß die Ge-
werbs- und Handelsfreiheit eingeschränkt und der privile-
girte Handels- und Gewerbsstand zur herrschenden Klasse
über die abhängigen Arbeiter wurde. In Folge dessen mußten auch die Handels- und Industriegesetze nur zum Vor-
theile der herrschenden Macht erfließen, und sonach hatten
die Hülfsarbeiter und Bauern eigentlich fast ganz allein
die übrige Gesellschaft luxuriös zu ernähren, selbst aber –
zum Lohne dafür – zu darben.
Die Folge der furchtbaren Zustände der abhängigen Ar-
beiterklasse war, wenigstens in Wien, wie ich aus eigener
Anschauung weiß, grenzenlose Immoralität und sittliche
Verwilderung.
Ganze Vorstädte, wie Thury, Lichtenthal, Altlerchenfeld,
strozzischer Grund, Margarethen, Hundsthurm, neue Wie-
den, Fünf- und Sechshaus wimmelten von ausgehungerten
zerlumpten Arbeitern und Abends erfüllten die unglücklichen Mädchen der Fabriken in dem jugendlichsten, selbst
Kindesalter die Glacien und den Stadtgraben, um für einige
Groschen Jedem dienstbar zu sein.«

> Violand: Die sociale Geschichte der Revolu-
> tion in Österreich. Leipzig: Wigand, 1850. S.
> 42 und 45 f.

Ernst Victor Z e n k e r zitiert aus einem anderen zeitgenössischen Bericht über die sozialen und politischen Zustände Österreichs:

»Diese Classe von Unglücklichen und Bedürftigen ist in
Österreich so zahlreich und bemitleidenswerth wie irgendwo und vielleicht aus dem Grunde noch beklagenswürdiger,
weil sie auf einem so überaus reichen Grund und Boden im
tiefsten Elend schmachten und ringsum babylonische Üppig-
keit, Schwelgerei und sinnlose Verschwendung sehen. [...]
Ja, der Bettel wird so systematisch betrieben, daß selbst
faule Handwerksbursche jeden Freitag ihre Arbeit einstel-

len, bettelnd sich das Doppelte ihres Erwerbes verschaffen
und somit eine von Almosen abhängige Existenz einer durch
Arbeit errungenen vorziehen.«

Zenker: Die Wiener Revolution 1848 in ihren
socialen Voraussetzungen und Beziehungen.
Wien/Pest/Leipzig: Hartleben, 1897. S. 80 f.

Ernst F i s c h e r über das »rückständige Österreich«:

»Österreich war in seiner ökonomischen Entwicklung hinter
den westeuropäischen Ländern weit zurückgeblieben. Es gab
dafür *objektive* Ursachen (die Binnenlage, das Fehlen günstiger Wasserwege, nur wenige Städte im weiten Bereich
mittelalterlicher Landwirtschaft, Abhängigkeit der Massen-
kaufkraft vom jeweiligen Ernteertrag); aber auch politische
und ideologische Faktoren trugen dazu bei (Gegenrefor-
mation, der durch die Jesuiten geförderte Opportunismus,
Tendenz der Habsburger, ihre Hausmacht gegen ausländische
Einflüsse abzuschirmen, Mischung von Parasitentum und
konservativer Bequemlichkeit in der Metropole). Im Zeitalter Maria Theresias und Josephs II. wurde die lähmende
Macht der Zünfte eingeschränkt, das System der ›Fabriks-
privilegien‹ und vom Zunftzwang befreiten ›Befugnisse‹
wesentlich erweitert. Die meisten der mit Staatshilfe ge-
gründeten Betriebe waren jedoch nicht leistungsfähig. Ihre
Erzeugnisse waren zumeist von so jämmerlicher Qualität,
daß sie mit ausländischen Waren nicht zu konkurrieren
vermochten. Joseph trachtete, durch Hochschutzzölle den
Absatz solcher Waren im Inland zu sichern, was jedoch
kein Auftrieb war, bessere Waren zu produzieren, sondern
nur der Indolenz und dem Schmuggel Vorschub leistete.
Der Schock der Französischen Revolution bewog Franz I.
die durch Joseph II. geförderte industrielle Entwicklung
auf jede Weise zu erschweren. Das Argument des Kaisers,
daß die Industrie nicht nur Waren, sondern auch Revolutio-
nen produziere, war unwiderlegbar. Als man dem Monarchen Pläne für den Bau einer Eisenbahn unterbreitete, er-
widerte er: ›Damit ist's nichts, da käm' mir höchstens die
Revolution ins Land.‹ Seit 1801 wurden jahrelang neue
Fabriken in Wien nicht zugelassen, viele der schon bestehenden dem Ruin preisgegeben. Die Sympathie des Habs-
burgers galt den Zünften, als dem Inbegriff des Stehenden,

Ständischen, am Vergangenen Festhaltenden. Der Kadaver des Mittelalters wurde systematisch konserviert.

Die Kontinentalsperre (1806–1814) schützte zwar die Schafwoll- und Baumwollindustrie vor der englischen Konkurrenz; doch andre, auf den Export angewiesene Industrien, wie Leinen und Glas, gerieten in größte Schwierigkeiten. Die Finanzkrise von 1811, welche die an sich schwache Industrie zerrüttete, enorme Teuerung und Arbeitslosigkeit hervorrief, den Schmuggel aus England katastrophal steigerte, schleppte sich mit ihren Folgen bis 1820 hin. [...]

Dem *Emporkömmling* stand als zweite typische Gestalt der *Deklassierte* gegenüber. In Wien sammelte sich, nach einem Bericht des Wiener Magistrats, ein ›buntes, verworrenes und regelloses Durcheinander‹ von nichtzünftigen Gewerbetreibenden an, die der wirtschaftlichen und finanziellen Unsicherheit nicht standzuhalten vermochten. Die meisten von ihnen versanken in Elend und Hoffnungslosigkeit. 1845 gab es in Wien etwa 30 000 Einkommensteuerpflichtige. Um die erste Rate hereinzubringen, mußte in 17 469 Fällen die einfache Militärexekution, in 9554 Fällen die verschärfte Exekution, in 7009 Fällen die Pfändung verhängt werden. Aus entlaufenen Bauern, entlassenen Soldaten, in- und ausländischen Handwerksburschen, verelendeten Gewerbetreibenden entstand ein verlumptes, verzweifeltes Proletariat. Der immer wiederkehrende Zusammenbruch kleiner und mittlerer Betriebe hatte zunehmende Arbeitslosigkeit zum Ergebnis. Ein Heer von Vagabunden, Bettlern, Dirnen zog durchs Land.«

Fischer: Johann Nestroy. In: E. F.: Von Grillparzer zu Kafka. Frankfurt a. M.: Suhrkamp, 1975. (suhrkamp taschenbuch. 284.) S. 155–157.

2. Vorstadttheater

Neben den hier abgedruckten finden sich weitere Zeugnisse in »Erläuterungen und Dokumente zu Nestroy: Der Talisman« (Reclams Universal-Bibliothek. 8128).

Otto R o m m e l (1952):

»Aus der unersättlichen Schaulust und Spielfreude der lebensfrohen Bevölkerung der ersten und einzigen deutschen Großstadt erblühte – im Schnittpunkte mannigfacher Kulturströmungen – unter dem Anreiz der vom Wienerischen Hanswurst verkörperten Volkskomik das Wunder eines volksorganischen Theaterlebens. Anonyme oder nahezu anonyme Kräfte trugen es. Maßgebend ist in dieser Werdezeit der ›Spieler‹. Keiner der fünf Generationen, die wir klar überschauen, fehlte es an einem führenden Komiker, in dessen Kunst die Wiener ihre eigene Art lustvoll widergespiegelt sahen. Fingerfertige Librettisten zauberten aus einem internationalen Vorrat fluktuierender Motive, auf die niemand irgendein Eigenrecht geltend machen konnte, Hunderte und Aberhunderte leichtgefügter Stücke hervor, in deren Rahmen sich Abend für Abend lachendes Wiener Leben entfaltete. Aber keiner von ihnen, weder Spieler noch Librettist, hielt sich für etwas Besonderes. Sie alle gaben einfach dem Theater, was das Theater mit ihrem höchst sachkundigen Urteil gerade brauchte. Auch noch die Volksdramatiker der Kongreßzeit, an deren Bewußtsein doch schon die höchst individuellen Schöpfungen der Klassiker und Romantiker vorübergezogen waren, fühlten sich durchaus nur als Techniker des Theaters, nicht als ›Dichter‹ im emphatischen Sinne des Wortes, obwohl sie sich ›Theaterdichter‹ nannten und unter dieser Bezeichnung als Angestellte einzelner Theater in den Theateralmanachen figurierten. Es wurden nur handwerkliche Leistungen von ihnen erwartet, die daher auch ohne weiteres vertraglich stipuliert werden konnten. Aber es gelangen ihnen immer wieder Stücke, die Hunderte von Aufführungen erlebten und, verlebendigt durch geniale Schauspieler, in der Zeit einer sich immer extremer subjektivistisch zuspitzenden ästhetischen Kultur Abend für Abend das Wunder vollbrachten, arm und reich, vornehm und gering, gebildet und ungebildet zur magischen Einheit des ›Volkes‹ zusammenzuschweißen. Von ihr gingen unablässig schöpferische Impulse aus, welche diese handwerklichen Techniker des Theaters schließlich so hoch über sich hinaushoben, daß Gebilde besonderer Art entstanden. Obwohl ganz im Theatralisch-Konventionellen

verbleibend und scheinbar nur dankbare Typen variierend,
strahlten diese Gebilde dennoch ein ›Leben‹ aus, das dem
genialen Aperçu oder dem geistreichen Experiment des einzelnen meist versagt bleibt, bis schließlich das Letzte und
Höchste gelingt: das persönliche, aus individuellem Erleben
geborene Kunstwerk. Im Volkhaften verwurzelt und dadurch vor der Gefahr der Vereinzelung bewahrt, ist es
›volkstümlich‹ – nicht im Sinne der Herablassung auf ein
bemitleidetes und zu befürsorgendes geistiges Niveau, sondern im Sinne eines höchsten, aufwärts weisenden und doch
aus dem Volke geborenen und ihm faßlichen Wertes.
Aber wenn die Entwicklung des Alt-Wiener Volkstheaters
auch nie zu schöpferischen Leistungen vom Range der Mär-
chenspiele Raimunds und der satirischen Komödien Nestroys
geführt hätte, so wäre sie doch auch an und für sich ein
theatergeschichtliches Phänomen von allerhöchstem Interesse;
denn sie läßt uns im vollen Lichte einer gegenwartsnahen
Zeit ein Geschehen beobachten, das wir an anderen Orten
nur mühsam aus weit älterer und daher dürftigerer Über-
lieferung und unzuverlässigen Zeugnissen rekonstruieren
können. Es muß einmal ausgesprochen werden: das Alt-
Wiener Volkstheater ist ein Ereignis, das nur im Theater
des Elisabethinischen London oder im Paris und Venedig
des 17. und 18. Jahrhunderts seinesgleichen hat. [...]
Durch mehr als anderthalb Jahrhunderte erhält sich in
Wien ein volkstümliches Theaterleben, das seit der Gründung der drei Vorstadttheater rund tausend Vorstellungen
im Jahre zu füllen vermag, und zwar erhält es sich ohne
alle Subventionen, von der Presse aus Bildungsdünkel meist
mehr gehemmt als gefördert, mit Selbstverständlichkeit
durch sich selbst. [...]
Die Stücke, die aus diesen – vorwiegend theatralischen –
Bedingungen heraus entstanden, füllten sich erst bei Raimund und Nestroy mit individuellem Erleben, ohne sich jedoch dadurch schon von der jahrhundertealten Tradition
ganz loszulösen. Vor diesen beiden Vollendern der Alt-
Wiener Volkskomödie waren die Gestalten der Bühne Typen gewesen, in deren Aufeinanderfolge sich die Auseinan-
dersetzung des volkstümlichen Empfindens mit den An-
sprüchen der Literatur und des ›Zeitgeistes‹ spiegelt. Diese
Typen wandeln sich, werden variiert, nutzen sich ab und

verschwinden, kurz sie gehorchen mehr den Gesetzlichkeiten, nach denen Gattungen entstehen, als den Schaffensbedingungen eines von den Bindungen volkstümlichen Lebens mehr oder minder gründlich losgelösten und souverän gewordenen Individualismus, wie es für die Zone der Literatur bezeichnend ist. So war es immer in den großen Zeiten des Theaters, mögen wir an das Athen des Perikles oder an das London der Renaissance oder an das Spanien des Barock denken. Von solchen Erscheinungen ist der Maßstab für die Beurteilung des Alt-Wiener Volkstheaters herzuleiten, nicht vom modernen Theater, das in weitgehende Abhängigkeit von der Literatur geraten ist und sich daher aufs Spekulieren und Experimentieren angewiesen sieht. Im Alt-Wiener Volkstheater war noch die wichtigste und heute kaum noch irgendwo vorhandene Voraussetzung echten theatralischen Lebens gegeben: innigste Verbundenheit von Schauspielern, Dramatikern und Zuschauern. Es war autonomes und autochthones Theater, aber unter den Bedingungen beschwingten großstädtischen Lebens, und daher eine höhere Form als das ähnlich determinierte, aber brauchtumsgebundene bäuerliche Theater, das sich hie und da bis in die Gegenwart erhalten hat und in der Regel bei den Primitivformen des Theaters verharrt, die in ihrer Art natürlich von höchster Ausdruckskraft sein können.«

Rommel: Die Alt-Wiener Volkskomödie.
Wien: Schroll, 1952. S. 16–18 und 20.

Roger B a u e r (1974):

»Ausgeprägter vielleicht noch als in der Burg herrscht der ›barocke‹ Geschmack am bühnenwirksamen, unterhaltenden Theater in den Vorstädten. Die gemeinhin ›Volkstheater‹ genannten Bühnen wenden sich jedoch keineswegs ausschließlich an ein ›plebejisches‹ Publikum. Sie werden von ganz Wien besucht. Das beweist eine beachtenswerte Treue zu theatralischen Formen, die überall sonst in Vergessenheit geraten sind. Dafür haben die Historiker eine Erklärung gesucht. Die geläufigste historische Erklärung: der Fortbestand unveränderter gesellschaftlicher Strukturen habe das Weiterleben dieser Formen und ihren dauerhaften Erfolg begünstigt. Anders ausgedrückt: das Wiener Volkstheater

sei Ausdruck einer noch großenteils vorbürgerlichen und
vorindividualistischen Kultur. Nichts anderes meint auch die
in diesem Zusammenhang heute gebräuchliche Formel von
der ›barocken Tradition‹. Doch werden bei Raimund und
vor allem bei Nestroy (nach der Krise der dreißiger Jahre!)
die barocken ›Formen‹ gerade dazu benutzt, das Bild der
barocken Welt, das sie bis dahin ausgedrückt haben, in
Frage zu stellen.«

Bauer: Die Welt als Reich Gottes. Grundlagen
und Wandlungen einer österreichischen Le-
bensform. Wien: Europaverlag, 1974. S. 80.

Jürgen H e i n (1973):

»Zu Beginn des 18. Jahrhunderts entsteht aus der Synthese
von volkstümlich-vorliterarischem und höfisch-literarischem
Theater im Prozeß des Seßhaftwerdens der Wanderbühnen
das ›Wiener Volkstheater‹, ein Theater für das Volk (mittlere
und untere Schichten), dem die Theater der Reichen, Adeligen
und Gebildeten verschlossen waren. Seine Stoffe und Dramaturgie entsprachen dem Unterhaltungsbedürfnis, waren aber
zugleich bildend und belehrend (antike Stoffe, Mythologie
usw.). Von Anfang an bestimmte ein didaktischer Bezug
das Verhältnis zwischen Theater und Gesellschaft und wird
für die Ausprägung spezifischer Formen bestimmend.
Das Volkstheater wird schnell vollkommener Ausdruck der
Gesellschaft, erobert auch die höheren Schichten. Es wirkt ge-
sellschaftsbildend, dient der Selbstdarstellung des Volkes, ist
aber zugleich auch immer Organ der Kritik und Selbstkritik.
Die Wünsche des Publikums decken sich zumeist noch mit der
Intention des noch nicht kommerzialisierten Vorstadttheaters; der für Spielplan, Dramaturgie usw. wichtige lebendige
Zusammenhang zwischen Theater, Gesellschaft und Wirklichkeit war nie gestört. Das Volkstheater besaß eine unge-
brochene kompensatorisch-kreative und zugleich korrektiv-
emanzipatorische Funktion. Wenn Dürrenmatt davon spricht,
daß ›mit der Bühne gedichtet‹ werden müsse und Komödien
›Eingriffe in die Wirklichkeit‹ nennt, meint er diesen Zusammenhang.
Die Geschichte des Wiener Volkstheaters und seiner dramatischen Gattungen wie komischen Figuren ist die Geschichte
von teils versöhnlichen, teils kritisch-aggressiven Auseinan-

dersetzungen mit der gesellschaftlichen Wirklichkeit. Der
›Hanswurst‹ des Josef Anton Stranitzky (1676–1727) und
seines Nachfolgers am Kärntnertortheater Gottfried Pre-
hauser (1699–1769) sowie der ›Bernardon‹ des Felix von
Kurz (1717–1783) überstanden das Extemporierverbot, das
die Freiheit der Meinungsäußerung auf dem Theater ein-
schränken wollte. Im berühmten Wiener Hanswurst-Streit
(1747–1769) kämpfte der josefinische Rationalist Josef von
Sonnenfels (1733–1817) gegen das Stegreifspiel. Er setzte bei
Kaiserin Maria Theresia 1751 die Zensur und 1752 das
Extemporierverbot durch. Ästhetische Gründe – die Schaf-
fung ›regelmäßiger‹ Lustspiele – verbinden sich hier mit politischer Lenkung des Theaters. Man erkannte schon früh,
daß das Theatererlebnis beim ›einfachen Volk‹ zum Ventil
für die aufgestaute Kritik an Politik, Staat und Gesellschaftsordnung werden konnte. Diese Erziehungsfunktion
des Volkstheaters lag nicht im Interesse der Regierung, und
so beschnitt man die ›offene Dramaturgie‹, das kritische
Einverständnis zwischen Hanswurst und Publikum. Für
die nächsten hundert Jahre wachte eine strenge Zensur über
Autoren, Stücke, Schauspieler, ja über die gesamte In-
stitution Volkstheater.

Trotzdem bildete sich ein die Interessen des Volkes vertre-
tendes Theater (zwischen 1781 und 1788 entstanden mit dem
Theater in der Leopoldstadt, dem Theater an der Wien und
dem Theater in der Josefstadt die drei bedeutenden Wiener
Vorstadtbühnen), das immer neue Wege fand, die geforderte
›geschlossene Form‹ zu durchbrechen – etwa in Monolog,
Couplet, ›Spiel im Spiel‹ – und sich direkt an das Publikum
zu wenden. Neben Stücken mit sozialkritischem Impuls,
z. B. bei Philipp Hafner (1735–1764), dem ›Vater des
Wiener Volksstücks‹, bei dem schon alle Spielarten des
Volksstücks angedeutet sind, und Ferdinand Kringsteiner
(1775–1810), finden wir zu Ende des 18. Jahrhunderts in
immer stärkerem Maße die Form des singspielhaften Zauberstücks, z. B. bei Emanuel Schikaneder (1751–1812; ›Die
Zauberflöte‹, 1791), Karl Friedrich Hensler (1759–1825) und
Joachim Perinet (1765–1816). Das ›Zauberspiel‹ entspricht
vollkommen dem josefinischen Erziehungsdenken: Der sich
aus der sozialen Ordnung entfernende Mensch wird durch
Zauber und Geister zermürbt und gefügig gemacht, damit

er die überpersönliche (staatliche) Ordnung erkennt, in die er sich einzuordnen hat.

Die Gründe für die Flucht in Singspiel und barockes Zauberspiel mit ihren affirmativen Tendenzen sind in der Einschränkung der Diskussionsfreiheit unter Franz II., aber auch in der beim Publikum stärker werdenden Sehnsucht nach dem Phantastischen zu suchen, die das bürgerliche Sitten- und Lokalstück nicht befriedigen konnte. Hier zeigt sich das Dilemma des Volkstheaters, das die richtige Mitte zwischen den Wünschen des Publikums (Unterhaltung, Entspannung, Ventilfunktion des Lachens) und seinem Erziehungsauftrag (Volksbildung, Erziehung zur Mündigkeit; aber auch: Bestätigung der bestehenden Verhältnisse und Einordnung in diese) zu finden hat.

Den Versuch einer solchen Mitte stellt das ›Besserungsstück‹ dar, das vor allem von Josef Alois Gleich (1772–1841), Karl Meisl (1775–1853) und Adolf Bäuerle (1786–1859) gepflegt wurde, die zwischen 1804 und 1835 allein mehr als 30 000 Spielabende bestritten. Im Unterschied zum ›Parodistischen Zauberspiel‹, einem Konglomerat aus Zauber- und Singspiel, Sitten- und Lokalstück, Lebensbild, Posse und Parodie, das allein der Unterhaltung diente, tritt im ›Besserungsstück‹ das volkserzieherische Element in den Vordergrund.

Ausgehend von der aufklärerischen Theodizee-Idee, wird dargestellt, wie ein mit sich und der Gesellschaft Unzufriedener gerade durch die Erfüllung seiner Wünsche von seiten der Geister und Feen die Dummheit und Vermessenheit seines Anspruchs einsieht. Belehrt und erzogen, fügt er sich in die bestehenden Verhältnisse, die niemals kritisch in Frage gestellt werden. Die Theodizee-Problematik bietet sich ›deshalb als dramaturgisches Modell an, weil sie theatralische Komik, entspringend aus gegenwärtiger sozialer Widersprüchlichkeit, im Rahmen einer kritikwürdigen, aber grundsätzlich nicht erschütterten, stabil aufgefaßten Welt- und Gesellschaftsordnung ermöglicht‹. Die Menschen werden nicht gezeigt, wie sie sind, sondern wie sie sein sollen. Die Komik erhält korrigierende Funktion und wird zu versöhnlichem Humor. Sie macht hier nicht – etwa als Satire – die Widersprüche sichtbar, sondern verdeckt sie geradezu. So wird das Lachen für das Publikum nicht Anleitung zu

Erkenntnis und Kritik, es bleibt im Vordergründigen stekken. Der gesellschaftliche Widerspruch wird zum Komödienmotiv, dessen aufklärende Kraft nicht über den Horizont des Stückes hinausweist, das die Wirklichkeit des Publikums nicht erreicht. Die ökonomische Entwicklung, die soziale Differenzierung und die damit verbundenen Probleme werden auf der Bühne nicht widergespiegelt, während sich der Vorstadttheaterbetrieb selbst schon mitten im Übergang zum Geschäftstheater befindet.

Das Theater bietet dem Kleinbürger Ersatz für die im Leben unerfüllbaren Wünsche, malt ihm – von wenigen Ausnahmen abgesehen – eine Kulissenwelt, in der er sich gefällt. So erstarren die Stücke meist im Formalismus schönfärbender Lebens- und Selbstdarstellung des Bürgers. Vielfach sind die Formen unter dem mitgestaltenden Einfluß des Publikums entstanden – das Geschäftstheater richtete sein Angebot nach der Nachfrage –, ein Großteil geht auf Kosten der Zensur, unter der es fast unmöglich war, Komödie als unterhaltendes und zugleich kritisches Theater zu machen. Ferdinand Raimund (1790–1836), mit dem die Literarisierung des Volkstheaters beginnt, brachte es immerhin fertig, daß seine Stücke ›beynahe so unverändert aus den Händen der Censur‹ kamen, wie er sie eingereicht hatte, während Johann Nepomuk Nestroy (1801–1862) als Stückeschreiber, Schauspieler und später als Theaterdirektor in ständigem Streit mit den staatlichen Zensoren lag.

Die einflußreiche Rolle des Publikums erhält bis zu Nestroy dem alle Schichten umgreifenden Volkstheater seine Lebendigkeit, Bewegtheit, Sinnfälligkeit, Anpassungsfähigkeit und Wirklichkeitsbeziehung. Neue Formen des Spiels, die neuen Konstellationen entsprechen, entstehen aus der jeweils anderen und konkreten sozio-ökonomischen und dramaturgisch-ästhetischen Bezogenheit von Theater und Publikum. Von Anfang an bestimmten Unterhaltung und gesellschaftliche Erziehung das Wechselspiel der dramatischen Formen im Wiener Volkstheater. Gerade das Spielhafte ist dabei immer ein Schlüssel zum Verständnis der Wirklichkeit und zu ihrer möglichen Veränderung gewesen.

Zwar sind die Stoffe – bildhafte Verfestigungen individueller und sozialer Konflikte – einfache Situationen und Intrigen, Typenhaftigkeit usw. nur schwer in der Lage, ein

differenziertes Wirklichkeitsgefüge in der Komödie darzu-
stellen, doch setzt das komische Spiel die Maßstäbe, welche
die Wirklichkeit erkennen und beurteilen helfen. Gegen den
›Typ‹, der manipuliert wird, steht der manipulierte Zuschauer im Lachen auf, erkennt seine eigene Gefährdung
in der Wirklichkeit. Konflikte, Beziehungen usw. aus der
Erlebniswelt des Publikums werden präsentiert, diskutiert,
verarbeitet oder auch nur im verzerrenden komischen Spiel
ad absurdum geführt. Die ›negativen‹ Stoffe verhüten be-
jahende Anpassung und fördern Kritik. Das Volkstheater
leitet Aggressionen ab, ohne die Kritikfähigkeit des Publikums einzuschränken. Im Lachen und Mitlachen verbünden
sich die Zuschauer; es entstehen Geselligkeit und Solidari-
tät.
Wenn Eichendorff davon spricht, ›daß die redigirenden
Schauspieler sich bereits dem Pöbel, der freilich damals wie
jetzt, auch in den Logen mit zu Rathe saß, mit Leib und
Seele verschrieben hatten‹, der Burgschauspieler Costenoble
in sein Tagebuch notiert, die Spielart Nestroys erinnere ihn
›immer an diejenige Hefe des Pöbels, die in Revolutions-
fällen zum Plündern und Todschlagen bereit ist‹ und Heb-
bel schreibt, die Furcht vor dem ›Hereinbrechen der unge-
zügeltsten Anarchie‹ sei gerechtfertigt, ›wenn man die Wiener Vorstadttheater mit ihrem Nestroy kennt‹ – und dies
sind nur einige Beispiele typischer zeitgenössischer Äußerungen –, so kann man ermessen, welche Wirkung tatsächlich
von diesem Theater ausgehen konnte, das mehr als eine
Stätte bloßer Unterhaltung war. Die mögliche Aggressivität
des Volkstheaters, das in den Augen des Staates eher ein
Ort der Ablenkung und ›ein mächtiger Hebel der Volksbildung‹ sein sollte, versuchten die bis zum Jahre 1918 gül-
tigen Zensurbestimmungen zu unterdrücken.
Die Formen der Sprache und der Komik weisen auf die
ursprüngliche Einheit von Produktion und Rezeption im
Wiener Volkstheater. Der ständige Bezug zur Gesellschaft
und ihren Sprachebenen (Dialekt, Sprache der Gebildeten,
fremdsprachliche Floskeln usw.) läßt in den Komödien eine
Kunstsprache entstehen, die keine kommunikationsstörenden
›Sprachbarrieren‹ aufkommen läßt. Ebenso sind die dif-
ferenzierten Formen der Komik, des Theaterliedes und des
verbindenden mimisch-gestischen Elements auf Kommunika-

tion mit dem Publikum angelegt. Spiel-Unterhaltung und Satire-Kritik stehen dabei nicht widersprüchlich nebeneinander, sondern führen zum spezifischen Volkstheater-Stil der integrierten realistischen und zugleich pädagogischen Tendenz, der im Werk Nestroys am ausgefeiltesten erscheint. In diesem Sinne hat sich Nestroy einmal in einer Eingabe gegenüber der Zensur verteidigt: ›Das Lächerlichmachen des Bösen und Schlechten ist die einzige moralische Wirksamkeit der Komik, ich glaube, man sollte sie gerade darum am wenigsten beschränken.‹

Das Wiener Volkstheater stellt keine objektive Widerspiegelung gesellschaftlicher und historischer Verhältnisse dar, ist aber deren Ausdruck. Es zielt mit seinen zwei Ebenen – konventionelles Spielschema, komische Figur, verbunden mit aktueller, wirklichkeitsbezogener Thematik – auf die Realität. Die fiktive Illusionierung durch das Spiel ermöglicht ein Umgehen der Zensur und schafft Anlässe für die desillusionierende Enthüllung politischer und gesellschaftlicher Mißstände.

Mit der fortschreitenden Kommerzialisierung der Vorstadttheater, den Veränderungen in der sozialen Struktur des Publikums und dem seit 1850 wieder schärfer werdenden Eingreifen der Zensur ist das Nachlassen der kritischen Komponente verbunden. Den im Repertoire frei werdenden Raum füllt in immer stärkerem Maße die Operette. Das Volkstheater wird zur Kultstätte der Geldaristokratie, verliert durch den Verkauf von ›Bildungserlebnissen‹ und seichter Unterhaltung seinen Ursprung – das Volk als Publikum. Nach 1860, vermutlich schon früher, ist das eigentliche Wiener Volkstheater tot, der ursprüngliche Zusammenhang von Gesellschaft und Theater aufgegeben.«

Hein: Das Volksstück. Entwicklung und Tendenzen. In: Theater und Gesellschaft. Das Volksstück im 19. und 20. Jahrhundert. Hrsg. von Jürgen Hein. Düsseldorf: Bertelsmann, 1973. S. 14–17.

Friedrich K a i s e r (1854) über Geschäftsbedingungen des Vorstadttheaters:

»Die günstigsten Erfolge für die *Cassa* erzweckte Nestroy als Volksdichter. Als solcher trat er vor dem Wiener Publi-

kum zum ersten Male am 11. April 1833 mit seinem echten
Volksstücke voll körnigem Humor und Satyre: ›Der böse
Geist Lumpacivagabundus‹ hervor, welches Stück vierzig
Vorstellungen in ununterbrochener Reihenfolge erlebte. Diesem folgten rasch mehre andere Stücke, welche alle mehr
oder minder beifällig aufgenommen wurden, von denen
aber die Mehrzahl *wahre* Zug- und Cassastücke wurden,
und sich bis auf den heutigen Tag auf dem Repertoire erhielten.
Man kann annehmen, daß von dem überreichen Vermögen,
welches Carl bei seinem Tode hinterließ, Nestroy allein
mindestens den vierten Theil erwarb! – Und was für einen
Lohn hatte der Verfasser dieser wirksamen, vom Publikum mit Jubel aufgenommenen, dem Director Tausende
und abermals Tausende tragenden Stücke für seine Bemü-
hung?
Ein Honorar von 20 – sage *zwanzig* Gulden für die erste,
siebente, eilfte und zwanzigste Aufführung! – somit also im
besten Falle *achtzig Gulden!!* Denn erst viel später gelang
es Nestroy sich auch als Dichter vortheilhaftere Bedingungen
zu erzwingen.
Carl ging von dem Grundsatze aus: ›Wer etwas schreiben
kann, schreibt auf jeden Fall, und wird um nichts *besser*
schreiben, wenn er auch noch so gut bezahlt wird!‹
Daß aber der Verfasser doch einen gerechten Anspruch auf
einen Theil des Gewinnes, den sein Werk trägt, machen
könne, daß es ferner für den Dichter, er möge nun sich in
was immer für einem Genre bewegen, vor allem nöthig ist,
der Lebenssorgen ledig zu sein, und daß endlich gerade
der Volksdichter dadurch, daß er seine Bilder dem Leben
entnehmen muß, gezwungen ist, sich im Leben frei zu bewegen, Verschiedenes mitzumachen, was Geld-Auslagen for-
dert, daran dachte er nicht, oder *wollte* vielmehr nicht
daran denken. [...]
Ich will erzählen, worin die Hauptbedingungen meines
ersten Vertrages bestanden, welchem übrigens die Verträge
aller übrigen gleichzeitig engagirten Dichter vollkommen
glichen, mit dem einzigen Unterschiede der Ziffer, das
heißt, entweder der Anzahl der zu liefernden Stücke, oder
des Gehaltsbetrages. Die Verpflichtung für Carl's Bühnen
ausschließend zu schreiben, stand natürlich obenan, und

war dabei für den Fall, daß der Dichter dennoch einem andern Theater ein Stück zur Aufführung überlassen hätte, ein von Seite des letzteren alsogleich an Carl zu entrichtender Strafbetrag von *Einhundert* Gulden für *jede* Aufführung, die ein solches Stück auf einer andern Bühne erleben würde, festgesetzt.

Ferner war ich verbunden, in jedem Jahre *sechs* neue, den ganzen Abend ausfüllende Stücke, und zwar in dem Zwischenraume von je zwei zu zwei Monaten, abzuliefern; diese Stücke mußten dem *Director* genehm sein, widrigen Falles, oder wenn die Censur eines derselben nicht genehmigte, das Stück als nicht geliefert zu betrachten, und durch ein *neues* zu ersetzen war. Doch blieb mir im ersteren Falle, wenn nämlich ein Stück von Carl zurückgewiesen wurde, das Recht, dasselbe, jedoch ohne alle wie immer gestaltete Änderung durch Zusatz oder Kürzung, einer anderen Bühne zur Aufführung zu überlassen.

Drittens war ich durch diesen Vertrag gehalten, *alle von Carl angegebenen Änderungen* in meinen Stücken vorzunehmen.

Viertens, auch Umgestaltungen und Verbesserungen in anderen, nicht von mir verfaßten Stücken, sobald Carl es verlangte, in möglichst kurzer Zeit zu bewerkstelligen.

Für alle diese Leistungen bestand die Gegenverpflichtung Carl's, der übrigens das Recht hatte, wann es ihm immer beliebte, den Contract gegen vorhergegangene sechswöchentliche Kündigung zu lösen, nur darin: daß er – ich wiederhole es – für *sechs*, zu bestimmten Zeiträumen abzuliefernde, seine Zufriedenheit findende, von der Behörde nicht beanständete Stücke, ferner noch für alle mir auferlegten anderweitige Arbeiten einen Monatsgehalt von – *vier und zwanzig Gulden* bezahlen mußte!! Von Honoraren außer diesem Gehalte, Tantièmen, Beneficen oder dergleichen, war keine Rede.

Somit kam ihm ein, von einem vor allen ubrigen *bevorzugten*, engagirten Dichter, geliefertes Stück, es mochte nun noch so viele Aufführungen erleben, auf achtundvierzig Gulden zu stehen. [...]

Ich frage endlich selbst Herrn Nestroy, ob das in den letzteren Jahren eingetretene längere Schweigen seiner Muse, so wie mancher minder günstige Erfolg eines oder des an-

dern seiner Stücke, nicht wesentlich auf Rechnung der ge-
reitzten Stimmung zu schreiben sei, in welche ihn Carl's
Rücksichtslosigkeit versetzen mußte? – Ich verweile absicht-
lich länger bei der Erörterung dieser Verhältnisse, weil ich
in der Stellung, welche die Volksdichter gegenüber dem
Theatervorstande einnehmen, in der Art und Weise, wie
das Streben jener von diesem begünstigt oder gehemmt
wird, den Hauptgrund des Blühens oder Verfallens der
Volksbühne im Allgemeinen zu finden glaube. – Ja, ich
fühle mich gedrungen, bei diesem Anlasse die Bemerkung
auszusprechen, daß die allgemein von Seite der Kritik und
des Publikums laut werdende Klage über die Seltenheit
durchausgelungener Stücke eben durch das Institut der engagirten Dichter hervorgerufen sei.

Frei in seinem Schaffen muß der Dichter, er möge sich nun
in einem höheren Genre bewegen, oder seine Gebilde dem
Volksleben entnehmen, vor Allem sein; er darf nicht, weil
eben ein geldbedürftiger, oder *geldgieriger* Director eine
Novität braucht, sondern nur dann, wenn entweder Begeisterung oder die glückliche Laune ihn drängt, die Feder
ergreifen. In solchen Stunden mag er rasch und flüchtig
schreiben; aber dann muß ihm noch Zeit gelassen werden,
sein erstes Concept selbst zu prüfen, und sorgsam die Feile
anzulegen, ehe er mit seinem Werke vor das Publikum tritt,
dem er, *er allein*, verantwortlich ist. Würde dies jedem
Dichter gestattet sein, dann hätten wir wohl allerdings *we-
nigere*, aber gewiß *bessere* Bühnenstücke! –

Aber wie ist ein dichterisches Produciren möglich, wenn
der Dichter den festgesetzten Termin, an welchem sein
Stück fertig sein *muß*, im Auge habend, sehr oft inerte Minerva[1] sich an sein Pult setzen muß; wenn ihm, wie es unter
Carl's Leitung mir und Andern oft geschah, die einzelnen
Bogen von einem Abgesandten des Directors entrissen werden; wenn er oft, am zweiten Acte schreibend, nicht mehr
durchlesen kann, was er im ersten Acte geschrieben; wenn
er endlich, nachdem das Stück fertig ist, aus besonderen
Rücksichten, welche die Direction für einen oder den anderen Schauspieler, öfter aber noch für eine *Schauspielerin*
hegt, überredet oder – gezwungen wird, ganze Charactere

1 ›bei unbeteiligter Minerva‹ (der Patronin der Künste, der Hand-
werke und der Intelligenz).

neu umzugestalten, gegen seinen Willen die Wahrscheinlichkeit und Natürlichkeit aufzuopfern, und dem leidigen Theater-Effecte zu huldigen?!
Diese Ansichten sprach ich oft gegen Carl aus, aber immer ohne Erfolg. –
Sein Grundsatz war unerschütterlich: ein Bühnenleiter müsse durch die *Quantität* im Voraus für die immer zweifelhafte *Qualität* der Stücke entschädigen (denn unter einem *guten* Stücke verstand er nur jenes, welches Geld trug).«

> Kaiser: Theater-Director Carl. Sein Leben und Wirken in München und Wien, mit einer entwickelten Schilderung seines Charakters und seiner Stellung zur Volksbühne. Wien: Sallmayer, ²1854. S. 49 f., 65 f. und 72 f.

Otto R o m m e l über Carls Geschäftsbedingungen:

»Er verlangte von Friedrich Kaiser zum Beispiel sechs, von Karl Haffner sogar acht Stücke jährlich in regelmäßigen Zwischenräumen. Für ein etwaiges Benefiz hatte der engagierte Dichter ein besonderes Stück zu liefern. Einem nicht engagierten Dichter zahlte Carl in der Regel für die erste, fünfte, siebente, elfte und zwanzigste Aufführung je 20 fl., schämte sich aber keineswegs, die Reihe der Aufführungen oft gerade mit der neunzehnten abzubrechen. Doch gelang es ihm leicht, unerfahrene Anfänger durch Versprechung bevorzugter Behandlung in seine Kontrakte hineinzupressen. Was das bedeutete, lehrt der Additions-Artikel in Karl Haffners Vertrag. Ihm wurde vorgeschrieben, welcher Gattung – ernst oder komisch – die einzelnen Stücke zu sein hatten. Sie mußten selbstverständlich dem Personal auf den Leib geschrieben sein. Der Direktor hatte das Recht, zu bestimmen, wie viele und welche Komiker in einem Stücke zu beschäftigen seien. Dagegen brauchte er nur solche Stücke anzunehmen, die ihm gefielen und die Zensur passierten. Abgelehnte Stücke durfte der Autor einem anderen Theater anbieten, aber ohne jede Änderung. An den angenommenen Stücken hatte er jede vom Direktor geforderte Änderung kostenlos vorzunehmen. Er durfte natürlich – wieder unter Androhung eines unerschwinglichen Pönales – für keine andere Bühne arbeiten und kein Stück vor Ablauf von drei Jahren drucken lassen. Selbstverständlich mußte er sich den ›Theatergesetzen‹ Carls unter Verzicht auf Rechtsmittel

unterwerfen. Dafür zahlte die Direktion außer einem Monatsgehalt von 40 fl. ein Aufführungshonorar von 20 fl. für
die erste, siebente, dreizehnte, zwanzigste und fünfund-
zwanzigste Aufführung.«

Rommel: Die Alt-Wiener Volkskomödie.
Wien: Schroll, 1952. S. 956.

3. Zensur

Die wichtigsten Dokumente zur Wiener Theaterzensur hat
Karl Glossy 1897, 1915, 1920 und 1930 im »Jahrbuch der
Grillparzer-Gesellschaft« veröffentlicht. Danach wird deutlich, daß die Theaterzensur nach und nach in völlige Abhängigkeit von der Polizei geriet; dies gilt besonders für
die Vorstadtbühnen, während für das Hoftheater andere
Maßstäbe galten. Die Zensurvorschriften weisen vor allem
immer wieder auf das Extemporierverbot hin und betonen,
daß die Theaterzensur strenger sein müsse als die Zensur
für Druckschriften. Außer den folgenden Dokumenten vgl.
»Erläuterungen und Dokumente zu Nestroy: Der Talisman« (Reclams Universal-Bibliothek. 8128).

Aus den Akten der Polizei- und Zensur-Hofstelle:

»26. Dezember 1834. Kaiser Franz erläßt folgendes Handschreiben an den Grafen Sedlnitzky: ›Das Theater an der
Wien soll in der Achtung des Publikums durch die Wahl der
Stücke immer tiefer herabsinken, indem daselbst Handlungen dargestellt werden, welche offenbar nicht nur der Schicklichkeit, sondern auch der Moralität zu nahe treten, wobei
das Publikum nebst dem Nachteil für den guten Geschmack
auch Gefahr läuft, verkehrte Begriffe über menschliche
und bürgerliche Lebensverhältnisse nach Hause zu tragen,
wie es namentlich mit dem zweiten Teile des „Lumpacivagabundus" der Fall sein soll. – Da nun kein Stück ohne
vorläufige Zensur zur Vorstellung gelangen könne, so
scheint es, insoweit diese Angabe gegründet, daß dieselbe
sehr lau und nachlässig geführt werde, weshalb die erforderlichen Verfügungen zu treffen seien, damit diesem Gebrechen, insofern es besteht, abgeholfen werde.‹

Graf Sedlnitzky beauftragt hierauf (21. Jänner 1835) den Polizeioberdirektor Amberg, verläßlich zu erheben, ob und inwiefern die zur Kenntnis des Kaisers gelangten Notizen über die betreffende Theater-Unternehmung und den nachteiligen Einfluß ihres Wirkens auf den ästhetischen Geschmack und die Moralität des schaulustigen Publikums in Wahrheit gegründet seien, und ob die Ursache hievon der Direktion oder den Mitgliedern der dortigen Schauspielgesellschaft zur Last falle. Da übrigens aller Grund vorhanden sei, um anzunehmen, daß der in dem kaiserlichen Handschreiben gerügte nachteilige Eindruck, welchen die theatralischen Darstellungen im Theater an der Wien auf das moralische Gefühl und die Begriffe und Ansichten des Publikums über menschliche und bürgerliche Lebensverhältnisse hervorbringen sollen, weniger in dem zensurierten Texte der zur Aufführung bewilligten Stücke, als in der Art der Darstellung, in der mutwilligen Betonung gewisser Ausdrücke, in Gebärden und in dem bei diesem Theater schon oft gerügten Extemporieren beruhe, so sei er bemüßigt, um eine nähere Aufklärung darüber zu ersuchen, wie die Polizei dieser Pflicht in Beziehung auf das Theater an der Wien bisher nachgekommen, insbesondere aber, warum nicht von Seite der betreffenden Bezirksdirektion und des Zensur-Inspektionskommissärs zur Abstellung der a.[ller] h.[öchsten] Orts gerügten Ausartungen und Übelstände das Erforderliche pflichtmäßig verfügt worden sei. Das in dem Handbillette bemerkte Theaterstück, der zweite Teil des ›Lumpazivagabundus‹, und zwar das mit der Zensurbewilligung versehene Manuskript, sei von der Theaterdirektion abzufordern und mit einem Gutachten vorzulegen. Den Polizeibeamten wurde es zur Pflicht gemacht, die Überwachung des Theaters an der Wien und die Zensurinspektion mit der erforderlichen Strenge, umsichtiger Tätigkeit und gewissenhafter Unbefangenheit zu pflegen, in dem Falle, wenn sich bei den Hauptproben, denen der Zensurinspektionskommissär stets beizuwohnen habe, die früher nicht wahrgenommene Bedenklichkeit oder Anstößigkeit einer Stelle oder Szene zeigen sollte, deren Darstellung zu sistieren, und hierüber zu melden, bei den theatralischen Darstellungen aber, keine wie immer geartete Unzukömmlichkeit oder Abweichung von dem zensurierten Texte und

den in der Hauptprobe zulässig befundenen Andeutungen
dulden und vorzüglich jedes wahrgenommene Extemporieren unnachsichtlich nach den darüber bestehenden Vorschrif-
ten ahnden und, daß solches geschehen, in ihren diesfälligen
Rapporten umständlich ausführen.«

Der Polizeidirektor schreibt dazu am 2. April 1835:

»Aber abhängig von dieser Strenge haben sich die Theater
in der Leopoldstadt und Josefstadt in der letzteren Zeit
gehoben, sich mit ihren Leistungen in Hinsicht auf Geschmack und Moral gebessert, und ungeachtet derselben
Strenge der Zensur habe sich dagegen das Theater an der
Wien verschlimmert und in einen Zustand versetzt, der
allgemeinen Tadel erregt und zu dem Allerhöchsten Miß-
fallen Anlaß gab. Die Hauptursache in Hinsicht der Stellung also, die ein Theater einnimmt, liegt bei einer Privat-
unternehmung immer in dem Charakter und in der jeweiligen Tendenz des Unternehmens. Jeder Private bezweckt
Gewinn aus seiner Unternehmung und sucht deshalb jene
Richtung zu verfolgen, die zum Ziele führt. Leiten ihn
nur ökonomische Interessen, so wird auch die theatralische
Leistung einzig und allein darauf berechnet sein, nimmt er
aber dabei, wie jeder Theaterunternehmer soll, zugleich ge-
hörige Rücksicht auf den öffentlichen Zweck der Theater:
in unterhaltender Weise das Publikum in Geschmack und
Sitten zu bilden, so wird er trachten, nur Stücke zur Aufführung zu bringen, die auf die Erreichung des doppelten
Zweckes berechnet sind. Wahr ist es, daß das Theater an der
Wien in letzterer Zeit in seinen Leistungen rücksichtlich des
guten Geschmackes und moralischen Wertes herabgekommen
und in der Achtung des Publikums ziemlich tief gesunken
ist; wahr, daß zuweilen Vorstellungen gegeben wurden, die
allen Anstand beiseite setzten und das ästhetische wie auch
das moralische Gefühl der gebildeten Klasse beleidigen
mußten. Im allgemeinen muß man bekennen, daß das Theater an der Wien derzeit unter den Theatern in der Residenzstadt auf der untersten Stufe stehe. Diese Erscheinung liege
aber nicht in der direkten Wirkung der Zensur, sondern im
Wesen der Unternehmung, die rein ökonomisch geführt
wird. Die Zensur hat mit diesem Theater weit mehr als
mit jedem anderen zu schaffen. Beweis für diese Behaup-

tung in beiden Beziehungen geben die Stücke, welche auf
dieser Bühne gespielt wurden. Der größere Teil gehörte
einer Gattung an, deren Sujet keiner ordentlichen Bearbeitung fähig ist und nur mit trivialen Szenen und Er-
lustigungen ausgestattet werden konnte, daher bei manchen
Vorstellungen mitunter Ausartungen stattfanden, wozu einige Mitglieder dieser Bühne, besonders die bekannten Komiker Scholz und Nestroy so sehr hinneigten.

Und hierin liegt denn auch der zweite und nächste Grund
des gerügten Übelstandes auf diesem Theater, denn der
Text aller Stücke, deren viele das non admittitur² erhielten,
war strenge zensuriert und konnte an und für sich nicht
unanständig und nicht anstößig erscheinen, allein die Art
und Weise wie Worte gesprochen, betont, Handlungen dargestellt, mit Gesten und Gebärden begleitet wurden, geben
zu Klagen und Ärgernis Anlaß.

In Gemäßheit des erhaltenen Auftrags ist das Stück ›Lumpacivagabundus‹, 2. Teil, von der Direktion des Theaters
an der Wien abgefordert und dessen weitere Aufführung
vorderhand untersagt worden. Dieses Stück enthält wohl
triviale Handlungen und Komik, aber nichts Sittenwidriges,
sowie auch in der Textur sorgfältig alles Anstößige und
Zweideutige gestrichen und abgeändert erscheint. Ungeachtet
dessen dürfte es doch immerhin geraten sein, die nun einmal
untersagte Aufführung dieses Stückes aus Gründen, die sich
wohl von selbst ergeben, nicht wieder zu erlauben.«

In der Rechtfertigung des Zensors vom 7. April 1835 heißt
es:

»Die Tendenz des beanständeten, aus dem nicht ungewöhnlich gesellig Treiben der niederen Volksklassen entlehnten
Freskogemäldes sei dahin gerichtet, auf die nachteiligen
und verderblichen Folgen einer ungeregelten Lebensweise
aufmerksam zu machen und davor zu warnen, zugleich
aber auch die abergläubischen Besorgnisse des bevorstehen-
den Weltunterganges bei Annäherung des Kometen, die
unter den gemeinen Volksklassen längere Zeit hindurch
vorherrschend waren, durch satirische Geißelhiebe zu be-
kämpfen und deren Lächerlichkeit zu versinnlichen, wodurch bei Menschen von beschränkteren Geisteskräften und

2 ›Es wird nicht zugelassen.‹

minderer Bildung, die beabsichtigte heilsame Wirkung weit
sicherer und schneller als durch belehrende Gegenvorstellun-
gen erreicht werden. Von diesem, die Forderungen der
Moralität keineswegs derogierenden Gesichtspunkte, sowie
von der festbegründeten Überzeugung ausgehend, daß der
gute Geschmack viel zu sehr relativ sei, als daß irgend
ein Zensurtribunal sich für kompetent erachten könnte,
darüber auf eine in jeder Beziehung genügende Art und
Weise abzusprechen, bleibe es die alleinige Aufgabe des
Zensors, strenge darüber zu wachen, daß nichts zu szenischen Darstellungen gelange, was in *religiöser, moralischer*
oder *politischer* Beziehung irgendeinen Anstoß oder auch
nur einen entfernten Anlaß zu zweifelhaften oder bedenk-
lichen Deutungen darbieten könnte, in welcher Beziehung
der bei dem Zensor vorausgesetzte Takt, nämlich sein eige-
nes Gefühl von Recht und Schicklichkeit ihm als Leitfaden
dienen müsse. [...] Hielten sich die Schauspieler streng
an den Inhalt des Manuskriptes, so könne keine gegründete
Klage über Trivialitäten geführt werden, vorausgesetzt, daß
man nicht all dasjenige in die Kategorie der Trivialität ein-
beziehen wolle, was eines höheren ästhetischen Wertes er-
mangle. Dieser Maßstab aber sei bei den Vorstadttheatern,
die von einem minder gewählten und gebildeten Auditorium
besucht werden, in keinem Falle einwendbar. Das Haupt-
erfordernis der Vorstadttheater bestehe in Erregung der
Lachlust.«

Zitiert nach Karl Glossy: Zur Geschichte der
Theater Wiens III. In: Jahrbuch der Grillparzer-Gesellschaft. 30 (1930) S. 92–96.

Ein Brief Nestroys aus dem Gefängnis (1836):

Zwing-Uri.

S. wohlgeboren Herrn Carl Lucas
k. k. Hofschauspieler in Wien

Kerker den 17ten Jänner 836

Lieber Freund Lucas!

Ich sitze fest zwischen vier Wänden. Gestohlen kann ich
unmöglich werden. Jetzt kann mir niemand mehr abstreiten,
daß ich ein gesetzter Mann bin. Naiv und sinnreich war es
von Dir, daß du mir, dem Gefangenen, Spindlers Ketten-
glieder schicktest. Mich hat Einiges sehr unterhalten. Ich

bin Dir sehr verbunden. Karten gespielt wird hier nicht,
es ist nicht Ton in den Kerkern. Deine Bücher und meine
Flaschen sind also meine einzige Beschäftigung, ich schlürfe
mit Muße den beiderseitigen Inhalt in mich. Zwei Tage
muß ich sitzen wegen Extemporieren in »Mädchen in Uni-
form«, dann, damit wir nicht aus der Übung kommen, drei
Tage wegen Hund Wiest. Indessen, der Schuft wird mir,
und zwar bald, auf die Länge einer Schneiderelle in den
Wurf kommen, und dann dürfte seine Bocksseele unter meinen Fäusten gewaltig zu zappeln anfangen.

Mein Arrest ist vollkommen den Grundsätzen der Kerker-
etiquette gemäß. Die Schlösser an meiner Türe haben die
Größe derer, die man gewöhnlich vor den Kerkertüren
der Hochverräter antrifft. Die Bewachung vor einem möglichen Echappieren ist so sorgfältig, als ob ich um zwei
Millionen Obligationen verfälscht, sieben Jungfern, à 13
Jahre alt, genothzüchtigt, einige Kinder und diverse Erwachsene umgebracht hätte.

Vor meinem Gitterfenster ist ein hölzerner Kübel, damit
die Lichte nur von oben eindringen kann, aus Vorsicht, daß
ich mit andern Missetätern, Genossen meiner Freveltaten,
nicht vielleicht durch Zeichensprache korrespondieren kann.
Ich schreibe Dir diese Miserabilitäten nur, (damit Du siehst,)
wie sehr man in Wien Kunst und Künstler achtet und mit
welcher ausgezeichneten Humanität man sie bei geringen
Vergehungen behandelt. So sitze ich in der pikantesten
Einsamkeit. Nur selten bringt das sanfte Himmelblau eines
bedienenden Polizeimanns eine Abwechslung in das ein-
förmige Weiß meines Turmgemachs. Wie mir in müssigen
Stunden mancherlei treffende Gedanken kommen, so ist
mir eine ganz originale Art von Ohrfeigen eingefallen, ich
glaube, daß sie in Wiest's Galgenphysiognomie sich nicht
unvorteilhaft ausnehmen dürften. Wir wollen sehen, was zu
thun ist.

Dein Freund
J. Nestroy.
Sänger, Schauspieler, Komiker, Dichter
und Arrestant und der Himmel weiß,
was noch alles.

Nestroy: Gesammelte Briefe (1831–1862). Hrsg.
von Fritz Brukner. Wien: Wallishausser, 1938.
S. 22 f.

4. »Zauberspiel« und »Besserungsstück«

Zwischen 1815 und 1820 ist im Spielplan der Vorstadtbühnen ein starkes Anwachsen des Zauberspiel-Anteils zu beobachten; noch 1830 beträgt das Verhältnis zwischen Zauberspiel und Lokalposse nach Rommels Angaben in Anteilen 78 : 75 Prozent. Ursprünglich ein Erbe des Barocktheaters, die Problematik des ›rechten‹ Lebens in der Welt darstellend, wird das Zauberspiel in der Biedermeierzeit schematisiert und verbürgerlicht; Nestroy durchschaut die nur noch schematisch funktionierende ›Besserung‹.

Moriz E n z i n g e r :

»Die Stücke, die man unter dem Namen ›Wiener Volksstück‹ zusammengefaßt hat, bilden zwei große Gruppen. Stücke mit Zauberapparat und Stücke ohne diesen. Die Stücke mit Zauberapparat behandeln hauptsächlich drei Grundmotive, nach denen ich sie in Zauberstücke im eigentlichen Sinn, in Besserungsstücke und in Gespensterstücke einteile.
Zauberstücke nenne ich alle Stücke, in denen Zauberei eine Rolle spielt, sei es durch Eingreifen von Feen, Geistern in die Handlung oder durch Auftreten eines Magiers oder Zauberers, kurzum, Stücke, in denen übernatürliche Mächte wirken, um die Liebenden zu vereinigen. Es kann damit ein Kampf der Geister verbunden sein, er mag auch fehlen. Typus für die Gattung ist mir die ›Zauberflöte‹. Ich bin mir wohlbewußt, daß die einzelnen Gruppen sich nicht immer scharf trennen lassen, und weiß sehr wohl, daß sich der Gehalt einer großen Reihe von Stücken nicht in einen einzigen Satz zusammenziehen läßt. Zauberstück ist mir die höherstehende Kategorie, Besserungsstücke und Ahnenstücke fasse ich als Art selbständiger Untereinteilung auf.
Mit den Zauberstücken innig verwandt, aber durch die starke Hervorkehrung des moralischen Kernes deutlich von ihnen geschieden, sind die Besserungsstücke. Ein Mensch wird von einer törichten Leidenschaft oder von einer bösen Eigenschaft durch höhere Mächte geheilt (Typus: ›Traum ein Leben‹).
Auch hier wird sich eine strenge Scheidung nicht durch-

führen lassen, zuweilen kann ein Stück beiden Gattungen
zugewiesen werden. Es kann Liebeshandlung und Besserung parallel gehen, wie z. B. in Raimunds ›Alpenkönig‹.
Je nach dem Vorherrschen des einen oder anderen Motives
soll die Unterscheidung vorgenommen werden.

Endlich die dritte Gruppe; auch sie bringt alle alten Motive wieder, aber unter einem neuen Gesichtspunkt, es tritt
die Erlösung eines schuldigen Wesens in den Vordergrund.
Für eine Untat muß das Wesen als Geist umherwandeln,
bis es durch glückliches Zusammentreffen geforderter Er-
eignisse meist durch seine Nachkommen erlöst wird (Typus: ›Ahnfrau‹). Eine Liebeshandlung kann darin verwo-
ben werden, das Besserungsstück findet seine Vertreter, der
maßgebende Einteilungsgrund ist eben die Erlösung eines
Geistes. [...]

Das war das Typische: der, der bekehrt werden sollte, wurde
zum geraden Gegenteil seiner früheren Handlungsweise gebracht. Darum sah man Nestroys ›Lumpazivagabundus‹
als Parodie der Besserungsstücke an; erst aus den Folge-
stücken kann man erkennen, daß es ihm ernst war mit seiner scharfen pessimistischen Ansicht von der Unverbesserlichkeit der Welt. Und so mochte wohl vielleicht die Form
parodistisch wirken, der Gedanke aber war es keineswegs.

Nestroys Zauberstücke sind fast alle Besserungsstücke. Die
Parodie hat schon allgemein so überhandgenommen, besonders im Zauberwesen, daß es oft schwer zu entscheiden ist,
ob gerade Nestroy hier parodieren wollte. Die Vorläufer
des ›Lumpazivagabundus‹, ›Genius, Schuster und Markör‹
sowie ›Der konfuse Zauberer oder Treue und Flatterhaftigkeit‹ verbinden die Besserung eines Irrenden mit dem Motiv
der Zauberstücke nach dem Muster der Zauberflöte: Kampf
zwischen einem Zauberer und einer Fee, von dessen Ausgang
das Glück eines liebenden Paares abhängt.«

Enzinger. Die Entwicklung des Wiener Theaters vom 16. zum 19. Jahrhundert (Stoffe und
Motive). Bd. 1. Berlin: Selbstverlag der Gesellschaft für Theatergeschichte, 1918. S. 19 f.
und 104 f.

Otto R o m m e l :

»Die Ursache für das 1818 plötzlich in Erscheinung tre-
tende und die Volkskomödie für annähernd zwei Jahr-
zehnte beherrschende Anschwellen des Zauberspiels liegt
vielmehr ganz in der Sphäre des rein Theatralischen. [...]
Auch die neuen Bekehrungsstücke sind Komödien, wie es
auf dem Leopoldstädter Theater und den von ihm abhängigen Bühnen nicht anders sein konnte. Aber im Lichte der
Komik steht nur das irdische Treiben. Die Geister und
Magier, die Unzufriedene oder Irrende zur Einsicht bringen, bewegen sich bei aller Menschlichkeit in der Aura des
Erhabenen. [...]
Die Bedeutung des neuen, von Gleich gefundenen Genres
liegt darin, daß es dem Bedürfnis eines bis zur letzten Vollkommenheit gediehenen Komikerensembles ein schier unbe-
grenztes Betätigungsfeld eröffnete und dem Spiel dabei doch
eine gewisse weltanschauliche Bedeutsamkeit wahrte. Der
Mensch und seine Stellung im sittlichen Kosmos wurde durch
diese Stücke ausgemessen, ohne daß dabei moralisiert zu
werden brauchte, andererseits blieb den Vertretern der über-
persönlichen Mächte die Würde gewahrt, die im parodistischen Zauberspiel bei aller Liebenswürdigkeit und Bon-
homie doch immer sehr in Gefahr war.«

Rommel: Die Alt-Wiener Volkskomödie.
Wien: Schroll, 1952. S. 766, 819 und 827 f.

Walter D i e t z e :

»Im ›Besserungsstück‹, das – sicher entstehungsgeschichtlich
teilweise gebunden an biblische Legendenmotive und Er-
zählgut der Volksschwänke – im Zeitalter des Josephinis-
mus seine erste Blüte erlebt, wirken zuerst schöpferische
Impulse der Mozart-Schikanederschen ›Zauberflöte‹ (1791).
Sie inspirieren sowohl das Volks- wie das Bildungstheater,
allerdings in Form und Gestaltung, in bezug auf ästhetisches
Niveau und Publikumseffekt sehr unterschiedlich (Josef
Alois Gleich, ›Der Berggeist oder die drei Wünsche‹, 1819;
Franz Grillparzer, ›Der Traum ein Leben‹, 1831). In der
Metternich-Epoche, während der Restaurationszeit und der
Vormärzjahre, erhält das gewandelte Besserungsstück (bei-

behaltenes dramaturgisches Modell, negierte oder variierte Theodizee-Positionen, Akzentuierung ironisch-parodistischer Züge) neue Funktionen der politisierten Volkserziehung und Sozialkritik, wobei das aufklärerisch-abstrakte Kardinalprinzip der Selbsterkenntnis mehr und mehr konkret-realistische Gestaltung findet (Ferdinand Raimund, ›Der Alpenkönig und der Menschenfeind‹, 1828; Johann Nestroy, ›Der Zerrissene‹, 1844).

Analytische Untersuchungen der Stücke von Gleich, Raimund und Nestroy ergeben (im Vergleich zu den Gestaltungen bei Mozart-Schikaneder und Grillparzer): in bezug auf Stoff- und Motivwahl eine fortschreitende Lösung von literarisch oder mündlich überlieferten Vorlagen, verbunden mit einer Hinwendung zu künstlerisch begriffenen Fragestellungen unmittelbarer Lebenswirklichkeit; in bezug auf die dramatische Komposition eine Überwindung der Bühnentechnik des märchenhaften Zauberstücks zugunsten von Lokalposse und Sittenkomödie; in bezug auf die handelnden Personen eine schrittweise sich vollziehende Ablösung schematischer Typen durch ständig vertiefte Charaktere (die allerdings außer ihrer Wandlungsfähigkeit in zwei, drei Grundeinsichten meist statisch gesehen werden, noch bei Nestroy); in bezug auf sprachlich-stilistische Mittel (redende Namen, Wortwitz in mannigfachen Formen, Sprechgesang, Quodlibet-Struktur etc.) eine über anderthalb Jahrhunderte sich erstreckende, aus Volkswitz und Umgangssprache sich stets erneuernde Konstanz – mit der immanenten Tendenz zur immer deutlicher hervortretenden Wechselwirkung von Tragik und Komik auf engstem Raum.

Tradition und Ursprünglichkeit im ›Besserungsstück‹ des Wiener Volkstheaters stehen im realdialektischen Verhältnis von Wechsel und Dauer, Bewahrung und Überwindung, Ausweitung und Beschränkung, Abstraktheit und Konkretheit.

Während der Vorbereitung und im Verlaufe der bürgerlich-demokratischen Revolution jedoch (und erst recht in der Nachmärzzeit) bricht die ›Besserungsstück‹-Tradition ab, weil den folgenden Künstlergenerationen immer stärker bewußt wird, daß mit Hilfe dieses Modells die Kompliziertheit eines gesellschaftlich-gegenwärtigen Gefüges nicht mehr adäquat ästhetisch erfaßbar ist, und weil andererseits der

Niedergang des Wiener Volkstheaters Neuansätze im Sinne einer realistischen Schreibweise nicht mehr zuläßt.«

Dietze: Tradition und Ursprünglichkeit in den ›Besserungsstücken‹ des Wiener Volkstheaters [Kurzfassung]. In: Akten des III. Internationalen Germanistenkongresses 1965 in Amsterdam. Bern/München: Francke, 1966. S. 186.

Claudio M a g r i s :

»In leichtester Form verkörpert sie [die Komödie] die Daseinsgründe und Fundamente des habsburgischen Systems, nämlich das Vergessenlassen, das an Stelle der verweigerten politischen Anteilnahme gewährt wird. Die bevorzugte Form ist das alte Zauberspiel der barocken Tradition: Feen- und Prinzengeschichten, magische Metamorphosen der Wirklichkeit und verzauberte Allegorien verwandeln das Leben, um damit auf seine tiefere Bedeutung hinzuweisen. Ein großes, phantasievolles Spiel nimmt das Publikum gefangen, das eben diese Träume, diese Fluchtmöglichkeit, ersehnt. In diesen Theatern, die den Zuschauern die kräftige Medizin, die Flucht – wenngleich in ironischer und lächelnder Form, entsprechend der Unfähigkeit der österreichischen Seele, sich dem Träumen rückhaltlos hinzugeben – bieten, ist kein Raum für das bürgerliche Schauspiel und die realistische Gesellschaftsdarstellung.«

Magris: Der habsburgische Mythos in der österreichischen Literatur. Salzburg: Müller, 1966. S. 71.

Friedrich S e n g l e :

»Selbstverständlich kann auch in die komischen Schemata – in diesem Falle ist es der beliebte Lumpazi-Typus – Empirisches eindringen; aber das Stück als komisches entsteht erst durch die energische, stark übertreibende Überformung des wirklichen Lumpen. *Eben die entschiedene Fähigkeit zur Handhabung des niederen Stils, welche die Biedermeierzeit besitzt, verrät ihren Abstand vom Realismus.* [...]
Die Lumpazius-Stücke müssen während der ganzen Biedermeierzeit beliebt gewesen sein [...]. Sobald man den religiösen Sinn dieser komischen Unzulänglichkeit und Veränderlichkeit, nämlich die absolute Abhängigkeit des Menschen

und seine Erlösungsbedürftigkeit nicht mehr erkannte, war die moralische Verurteilung der Posse fertig, zugleich aber auch ihre Glanzzeit zu Ende.

Die Unzuverlässigkeit und absolute Veränderlichkeit, die für den moralisch und individualistisch denkenden Realisten der folgenden Zeit Charakterlosigkeit heißt, bedeutet, auf den Schauspieler bezogen, das Ideal der Verwandlungsfähigkeit. *Es liegt also ganz im Geiste der Biedermeierzeit, wenn in der Posse das Mimische in einem Ausmaß restauriert wurde, das völlig vom Klassizismus wegführte, ja, wenn die Schauspieler selbst die Stücke verfaßten.«*

> Sengle: Biedermeierzeit. Deutsche Literatur im Spannungsfeld zwischen Restauration und Revolution 1815–1848. 2 Bde. Stuttgart: Metzler, 1971/72. Bd. 1, S. 637; Bd. 2, S. 442.

Erich Joachim M a y :

»Bereits im Schema der Handlung, in der Handlungsfiktion, die erzählt, wie die Unzufriedenen, Rebellierenden einem Irrtum erliegen, dann zur Einsicht (›Erkenntnis‹) kommen, die endlich Zufriedenheit hervorruft, wird eine rationalistische Begriffsreihe demonstriert. Die den Menschen zur ›Erkenntnis‹ (Einsicht) führenden Geister und Magier bewegen sich im Bereich des Erhabenen. Sie können selbst in komischen Situationen sehr bedrohlich werden. Rascher Wechsel der Erlebnisse und Handlungsschauplätze ist für die umfassende ›Besserung‹ der Unzufriedenen oder Irrenden dramaturgisch notwendig, weil die Veränderung des Menschen durch Aktion und nicht nur durch das Wort erfolgen soll. Die Handlungsfiktion des Besserungsstückes bezieht – vor allem bei Raimund – reales gesellschaftliches Leben ein. Das Ideal, welches die Besserung des Menschen regiert, liegt im Bereich Leibnizscher Theodizee-Problematik: Die dem Menschen erfaßbare Wirklichkeit ist eine Welt der Irrtümer und Täuschungen; dem Menschen ist als Subjekt eine klare Erkenntnis versagt, er kann nur seinem Gewissen folgen. Das glückliche Ende des Besserungsstücks resultiert aus der Einsicht, daß diese Welt die beste aller *möglichen* Welten ist. Es geht nicht um das Austragen eines echten Konflikts, sondern um ›vernunftgemäßes‹, besinn-

liches Erziehen zu der resignierenden Einsicht in die dem
Menschen gesetzten sittlichen Ziele und Willensbeschränkun-
gen: Nicht die Verhältnisse sind veränderbar, sondern nur
der Mensch durch die ›erkannte‹ Einsicht in bestehende Zustände. Diese philosophische Konzeption des Besserungsstük-
kes entsprach objektiv der Kulturpolitik und Staatsphilo-
sophie des Systems. Die Wiener Volkskomödie des Vormärz, insbesondere Nestroy, hat diese ›Besserungs-Theorie‹
schließlich aufgehoben.
Der versteckte Realismus des Besserungsstückes ist theatra-
lisch wie dramaturgisch vor allem in der Anlage der komischen Volksfiguren, insbesondere in der ästhetischen Qualität ihrer Komik, zu suchen, weniger in dem durchaus be-
merkbaren Darstellungsversuch einer perspektivelosen Gesellschaftsordnung und schon ganz und gar nicht im Versuch,
die Wirklichkeit weltanschaulich zu verändern. Es ist eine
Komik der Verzweiflung, des Galgenhumors, ein gnaden-
loser Verismus, der sich durch Lachen von seiner momenta-
nen Ohnmacht befreit; eine Komik, deren Lacherfolg doch
letztlich tragikomisch ist, weil die glückhafte Lösung des
Besserungsstückes nie ernstlich zu akzeptieren ist.«

> May: Wiener Volkskomödie und Vormärz.
> Berlin: Henschelverlag Kunst und Gesell-
> schaft, 1975. S. 32 f.

Volker K l o t z :

»Ein heutiger Rückblick auf Einzelexemplare dieser Gattung
sollte sich nicht davon täuschen lassen, daß sie sich fast
immer nur Sonderfälle vornehmen. Daß sie an individuellen
Abweichlern zeigen, wie jemandem seine meist schrulligen
Neigungen und abwegigen Einstellungen ausgetrieben werden. Entscheidender ist der gemeinsame Hauptnenner, die
schematische Regel dieser weitverbreiteten, also hochge-
schätzten Besserungsstücke. Sie läßt erkennen, daß hier,
entgegen dem ersten Blick, keine Abartigkeiten gesellschaftlicher Außenseiter eingerenkt werden. Sondern: daß Theatermacher und Theatergänger mit diesen szenischen Veran-
staltungen eine kollektive Selbstbeschwichtigung vornehmen. Indem sie tatsächlich vorhandene, in ihnen selber um-
gehende, aber nur dumpf ausgemachte Insuffizienzen des
Kleinbürgertums als abartig herunterspielen.

Fast durchweg nämlich verzerren und übertreiben die Besserungsstücke das Hinausstreben aus dem status quo dermaßen, daß es ins Groteske umkippen muß. So kommt der Zuschauer erst garnicht dazu, die mögliche Berechtigung seiner eigenen Unzufriedenheit oder der Unzufriedenheit der dramatischen Helden zu erwägen. Insofern liegt rückblickend die Diagnose nah: Nicht nur als theatralische Sensation mannigfacher malerischer Verwandlungskunststücke befriedigt das Besserungsschema, oberflächlich, seine vergnügungssüchtigen Zuschauer. Erst recht befriedigt es sie, ebenso oberflächlich, indem es just das betäubt, was von dieser ihrer Vergnügungssucht überspielt wird: die individuelle und kollektive Unzufriedenheit einer gesellschaftlichen Klasse, die sowohl die Möglichkeit wie den Anschluß der bürgerlichen Revolution verpaßt hat.«

Klotz: Dramaturgie des Publikums. München: Hanser, 1976. S. 45.

5. Publikum des Volks- bzw. Vorstadttheaters

Aus den Akten der Polizei- und Zensur-Hofstelle (1806):

»Das Volk ist an die Schaubühne gewöhnt. Das Theater an der Wien besonders ist die Lieblingsunterhaltung der höheren und mittleren Stände. Selbst die niederen Stände nehmen Anteil. In Zeiten, wie die gegenwärtigen, wo so mannigfaltige Leiden den Charakter des Menschen verstimmen, muß die Polizei mehr als jemals zur Zerstreuung der Staatsbürger auf jedem sittlichen Wege mitwirken. Die gefährlichsten Stunden des Tages sind die Abendstunden. Unschädlicher werden sie nicht ausgefüllt als im Theater. Die Schließung von zwei Theatern zur gleichen Zeit ist folglich von hoher Wichtigkeit in diesem Moment. [...] Mehr Wachsamkeit als jemals wird in jedem Falle erfordert, und selbst dann, wenn der erste Eindruck auch nicht mit widrigen Empfindungen verbunden ist, erfordert die Vorsicht, daß gerade in einem solchen Augenblick, wo von jeher Unterhaltung und Zerstreuung des Volkes eine Staatsmaxime war, eine jahrelang gewohnte Unterhaltung geschlossen und neuer Unmut verbreitet werde. An dieses alles

schließt sich noch der besondere Umstand an, daß gerade
in dieser Zeit gegen 300 Menschen so verschiedener Art auf
einmal Arbeit und Brot verlieren, daß unter diesen 300
Menschen viele sind, an welchen das Publikum sehr nahen
Anteil nimmt [...].«

Zitiert nach Karl Glossy: Zur Geschichte der
Theater Wiens I. In: Jahrbuch der Grillparzer-
Gesellschaft 25 (1915) S. 89 f.

Otto R o m m e l :

»Nur wienerische Stücke sind auf dieser Volksbühne denk-
bar. Was an theatralischen Formen und Motiven aus dem
allgemeindeutschen oder italienischen oder französischen
oder englischen Theater oder sonst wo her übernommen
wird, muß zuerst restlos verwienert werden, bevor es sich
auf der Volksbühne zeigen kann. Die Anregungen aus der
Welt des Geistes, wie die Zeitströmungen der Empfindsam-
keit oder des Sturm und Dranges oder der Romantik, werden keineswegs abgelehnt, was ja zu provinzieller Ver-
ödung geführt hätte; sie müssen aber der Assimilation sowie der Korrektur – man sollte vielleicht genauer sagen:
der Austarierung – durch das Korrektiv der volkstümlichen
Komik unterworfen werden, die, jedem Überschwang ab-
hold, alles Verstiegene an der elementaren Vitalität mißt,
die ja das Wesensmerkmal echter Volkskomik ist. Dabei ist
›Volk‹ keineswegs bloß ›Pöbel‹, zu dem Schauspieler und
Dramatiker sich herablassen müßten; ja, es bedeutete geradezu das Ende des echten Volksstückes, als in der Ära des
schon in den Vierzigerjahren einsetzenden Liberalismus die
Volksdramatiker, wie Friedrich Kaiser, Anton Langer, O. F.
Berg, sich als Bildungsdichter zu fühlen begannen und diese
Haltung einnehmen zu müssen glaubten. Im Gegenteil: es
macht die Besonderheit des Alt-Wiener Volkstheaters aus,
daß sich von den Tagen des Wienerischen Hanswurst bis
auf die Zeit des späten Nestroy in den Volkstheatern Abend
für Abend eine wohl ausgewogene Auslese aus allen Schichten der Bevölkerung zu gemeinsamem Genießen zusam-
menfand. Da saßen neben den ›einfachen Leuten‹ die Männer und Frauen des gebildeten Bürgertums, und selten fehlten in den Logen die Vertreter der ›ersten Gesellschaft‹, ja
auch des regierenden Hauses. Keiner der zahllosen Reisenden, von denen viele ihre Eindrücke in Reisebüchern fest-

hielten, versäumte den Besuch eines dieser Volkstheater, mochte er auch noch so große Mühe haben, der Mundart zu folgen. Den Grundstock der Zuhörer aber, das Stammpublikum, bildete doch ›das Volk‹: Handwerker, kleine Kaufleute, Arbeiter und Angestellte jeder Art, die sich bis in die Mitte der Vierzigerjahre noch, ohne ein Opfer zu bringen, den regelmäßigen Besuch der Vorstadttheater gestatten konnten und daher theaterkundig wurden, wie es heute höchstens noch Leute vom Bau zu sein pflegen. Doch büßten sie durch solche Sachkunde keineswegs, worauf es entscheidend ankommt, die Illusionsfähigkeit oder, wie man vielleicht besser sagen sollte: die Illusionsfreudigkeit ein. Sie kannten die Schauspieler und die Bedingungen ihrer Wirkungsmöglichkeiten auf das genaueste und beurteilten die Stücke weder nach ihrer Wirklichkeitsnähe noch nach irgend welchen ästhetischen Prinzipien, sondern einzig und allein danach, ob sie jenes fiktive Leben aufleuchten ließen, das nicht Wirklichkeit ist, aber Wirklichkeit bedeutet. [...]

Das Ende dieser organischen Entwicklung des Alt-Wiener Volkstheaters und damit auch ihres kostbarsten Ergebnisses, der Alt-Wiener Volkskomödie, war unwiderruflich gekommen, als die um sich greifende Industrialisierung den sozialen Bevölkerungsaufbau der alten Kaiserstadt an der Donau zu zersetzen begann. Steigende Eintrittspreise und wachsende Kosten der Lebenshaltung überhaupt ließen die unteren und vielfach auch schon die mittleren Schichten des Wiener Bürgertums rasch auf ein proletarisches Niveau absinken, das regelmäßigen Theaterbesuch ausschloß. Die in Massen einströmenden Zuwanderer aber hatten von vornherein keinen Zusammenhang mit der theatralischen Tradition ihrer neuen Heimat und fanden auch keinen mehr mit ihr. Auch das wohlhabende Bürgertum entging nicht der Überfremdung durch Elemente, welche die Konjunktur emportrug, um die meisten von ihnen wieder fallen zu lassen, bevor sie sich noch anpassen konnten. Schon um 1860 wird die neue Schichtung deutlich fühlbar, und der große Börsenkrach von 1873 gewinnt auch für das Volkstheater die Bedeutung eines unheilvollen Fanals. Noch in den Vierzigerjahren hatten die Direktoren so ziemlich genau gewußt, wer zu ihnen ins Theater kommen würde, obwohl es natürlich schon lange nicht mehr so war wie zu den Zeiten des

alten Marinelli, der die lärmend in sein ›Kasperl-Theater‹
Drängenden noch durch die Drohung einschüchtern konnte,
er werde nicht spielen lassen, wenn die Einlaßbegehrenden
nicht augenblicklich manierlich würden. Aber schon in den
Sechzigerjahren fing die Erfolgskalkulation an, eine ris-
kante Sache zu werden, und der Theaterbetrieb geriet unter
die Gesetze von Angebot und Nachfrage.«

Rommel: Die Alt-Wiener Volkskomödie.
Wien: Schroll, 1952. S. 19–21.

Martin G r e i n e r (1953):

»Was aber schließlich diesem Wiener Volkstheater sein besonderes und einmaliges Gepräge gibt, das ist das Wiener
Publikum. Es ist eben entscheidend nicht nur wer spielt und
was man spielt, sondern vor wem und für wen man spielt.
Die Hanswurstiaden und Harlekinaden, das Derbe, Rohe,
Possenreißerische und Zotige, das Blutrünstige und Morita-
tenhafte – das etwa sind doch die Elemente der Volkskomödie
von jeher –, das erfährt hier durch den Wiener Bürger-
geschmack eine ganz spezifische Modifikation. Ein Schuß
weltmännischer Anmut, wenn auch nur aus der Lakaien-
und Subalternenperspektive, ein Schimmer höfischen Glanzes
kommen hinzu, des weiteren die ironische Überlegenheit
und gelassene Melancholie des kleinen Mannes, der als vertrauter und erfahrener Diener, gewitzt und verschwiegen,
die Großen der Welt täglich aus der Nähe sieht und in
ihren menschlichen Schwächen beobachten gelernt hat, und
drittens und letztens eine gewisse Sorglosigkeit und Behaglichkeit und Großzügigkeit des äußeren Lebenszuschnitts.
Das alles wird eingeschmolzen und aufgelöst und gewissermaßen zusammengerührt zu der unnachahmlichen Grund-
substanz des Wiener Gemüts. Das ist die allerwichtigste
Voraussetzung des Wiener Volkstheaters; Gemütskultur ist
überhaupt das Kennzeichen der Zeit. Sie tritt gleichzeitig
in den mannigfaltigsten Spielarten zutage: in dem schwäbischen Gemüt Uhlands, dem schlesischen Eichendorffs, dem
märkischen Arnims. Das wienerische Gemüt empfängt seinen
besonderen Charakter durch die Nachbarschaft und das Zwi-
scheninnesein zwischen Metternich und der Musik; es vereint in sich Beengtheit und Weite, es verbindet geistige
Servilität und Devotion, ja fast Geducktheit mit Freimü-

tigkeit, Schwung und Weltoffenheit, und es *verbindet* sie wirklich zu einem höchst eigentümlichen Lebensstil. In der engsten Nachbarschaft mit der Musik, ja zum Teil von der gleichen Bühne herab wie die Opern Mozarts und Beethovens, tritt das Wiener Volksstück in Erscheinung, und die einschnürenden Fesseln der Zensur des Metternichschen Polizeistaates schränken die geistige Bewegungsfreiheit von vornherein auf einen eng begrenzten geistigen Spielraum ein. Das ist die äußere Schranke dieser Welt, aber Reichtum, Größe und Schönheit altererbter Kultur schaffen eine läßliche und genüßliche Atmosphäre, die den einzelnen, ob hoch, ob niedrig, wie mit Liebesarmen umfängt.«

Greiner: Zwischen Biedermeier und Bourgeoisie. Göttingen: Vandenhoeck & Ruprecht, 1953. S. 19 f.

Reinhard U r b a c h (1973):

»Es ist eine Komödie, die ohne das Wiener Publikum nicht vorstellbar wäre. Für ein besonderes, im sozialen Wandel mental gleichbleibendes Publikum wird gespielt; es wird unterhalten, aber es wird nicht immer geschont. Am Abend jeden Tages wird es seiner städtisch-privaten Trostlosigkeit überführt. Es glaubt, sich auf der Bühne wiederzuerkennen, und lacht darüber, daß es so lächerlich ist. Alle seine Bedürfnisse und Begierden werden damals und jetzt auf der Bühne scheinbar befriedigt. Sie werden spiegelverkehrt reflektiert:

Jeder will heiraten, doch keiner denkt daran, daß der Hochzeit die Ehe folgt. [...] Jeder will überirdische Kräfte besitzen; auf der Bühne gibt es sie. Doch wird kein Zweifel daran gelassen, daß das irdische Geld die bewirkende Macht ist. [...]

Die Wiener Komödie macht ihrem Publikum etwas vor, das sich nicht nachmachen läßt. Sie ist ein applaudierendes Paradox. Vom Publikum, dessen komische Misere sie darstellt, wird sie permanent als Akklamation des bestehenden Zustandes mißverstanden. Darin liegt ihre Entwicklungsmöglichkeit.«

Urbach: Die Wiener Komödie und ihr Publikum. Stranitzky und die Folgen. Wien/München: Jugend und Volk Verlagsgesellschaft, 1973. S. 9 f.

Erich Joachim M a y :

»Bestimmend für Produktion und Gestalt der Volkskomödie
ist der gesellschaftliche Auftraggeber, das Vorstadttheaterpublikum. ›Um des Publikums Willen ist das Theater da‹ (Grillparzer, Werke XII,76). Seine ökonomischen, gesellschaftlichen
und politischen Interessen, seine Sozialstruktur beeinflussen
Form und Inhalt. Die theatralische Produktion schöpft aus
dem Wiener Volksleben, seinen geografischen, historischen,
sozialen, politischen und kulturellen Besonderheiten: Das
Wiener Vorstadttheaterpublikum ist – vermittelt über die ökonomischen Interessen der Theaterdirektoren – Auftraggeber,
ist Konsument und Gegenstand der Wiener Volkskomödie.
Das Wiener Vorstadttheaterpublikum des Vormärz ist zugleich Ausdruck der gesellschaftlichen Realität der Volkskomödie dieser Periode. Demgegenüber ist das oft zitierte
Wiener ›Gemüt‹ als Grunderlebnis des Volkstheater-Phäno-
mens ebenso eine illusionäre Vorstellung bürgerlicher Literaturwissenschaft wie das ›Lebensgefühl des Biedermeier‹
idealistische Literaturtheorie. Eine Betrachtung der Wiener
Volkskomödie des Vormärz kann nicht darauf, sondern nur
auf der objektiv-historischen Situation des Wiener Volkslebens basieren. [...]
Die Scharfsinnigkeit des Wiener Vorstadttheaterpublikums,
seine Gerechtigkeit im Urteil wird allenthalben hervorgehoben. Jede Erstaufführung im Vorstadttheater ist ein gesellschaftliches Ereignis. Selbst an kirchlichen Feiertagen sind
die Theater Wiens überfüllt. Das Hervorrufen zum Zwecke
des Lobes, die Forderung nach Wiederholung der hervor-
ragenden Darstellung eines Schauspielers, aber auch die Leidenschaft des Zorns und der Ablehnung haben, mit südlän-
dischem Temperament vorgetragen, Volksschauspieler wie
Ferdinand Raimund, Wenzel Scholz oder Johann Nestroy
oft erfahren und ›erlitten‹. Der Grund dieser leidenschaft-
lichen Anteilnahme des Vorstadttheaterpublikums liegt auf
der Hand, das Wiener Volksdrama ist der Ausdruck seiner
gesellschaftlichen und politischen Interessen.
Das Publikum erhält dadurch an der Entstehung des Thea-
terkunstwerks einen unbestreitbaren, schöpferischen Anteil;
nach Grillparzers Meinung hat es am Volksdrama ebensoviel
gedichtet wie der Volksdramatiker selbst. [...]
Das Publikum des Vormärz akzeptiert die vereinbarte

Handlungsfiktion, über deren literarische Belanglosigkeit kein Zweifel besteht, wie eine Spielregel und liest, vom Dichter und Schauspieler geführt, die eigentliche Fabel zwischen den Zeilen der von der Zensur genehmigten Handlung. [...]
Dieses schöpferische Übereinkommen gibt dem Vorstadttheaterpublikum auch ein gewisses Mitspracherecht bei der Produktion. Der Volksdramatiker, der Volksschauspieler rechtfertigt vor dem Publikum in jeder Aufführung die Zweckmäßigkeit der Fabel und ihrer Details. Ganz deutlich zeigt sich die schöpferische Wechselbeziehung auch darin, daß die Theaterlieder der Volksdramen zu Volksliedern und umgekehrt Volkslieder zu Theaterliedern werden.«

May: Wiener Volkskomödie und Vormärz.
Berlin: Henschelverlag Kunst und Gesellschaft,
1975. S. 87 und 89 f.

Volker K l o t z :

»Dramaturgie des Publikums im historischen Rückblick zu erfassen, dazu bietet das Wiener Vorstadttheater im ersten Drittel des 19. Jahrhunderts einen günstigen Einstieg. Aus mehreren Gründen.
Nirgends sonst in deutschen Sprachgebieten, weder früher noch später, nimmt Theater einen derart großen Raum ein im Freizeitleben seiner Zuschauer; nirgends sonst unterhält es mit ihnen so lebhaften Verkehr. Daher gewährt das Wiener Vorstadttheater aufschlußreiche Einblicke in Zu- und Abneigungen seiner Empfänger sowie in die Verständigungsbahnen, die über die Bühnenrampe hinweg verlaufen. Weiter: Was diese Bühnen aufführen, haben Theaterpraktiker geschrieben, entweder beauftragte Hausautoren oder Schauspieler wie Raimund und Nestroy. Daher entfällt das Problem eventueller Abweichungen zwischen Lesetext und Spieltext, zwischen Autorabsicht und Vermittlerwillkür. Weiter: Die starke Traditionsverhaftung von Gattung und Thematik der Stücke über Spielweise bis zur Theatermaschinerie –, die teilweise zurückreicht bis ins Barocktheater, verbürgt ein hohes Maß ästhetischer Übereinkunft zwischen Bühne und Publikum. Daher läßt sich, gerade aufgrund des gemeinsamen engen Umgangs mit dem Medium Theater, von heut her mit einiger Wahrscheinlichkeit ermessen, was da jeweils den Zeitgenossen herkömmlich

oder neuartig, was ihnen beruhigend oder beunruhigend
begegnete. Weiter: Der gesellschaftliche Erfahrungshaushalt
der Theatermacher wie der Theatergänger ist überaus zwie-
spältig. Daher, wenn er sich den szenischen Ereignissen mit-
teilt, kann er auch den besonderen Verständigungsverkehr
zwischen Bühne und Publikum beeinflussen und womöglich
schärfer sichtbar machen. Schließlich: Spielplanangebot und
Publikumswiderhall zeigen den Unterschied an zwischen gän-
gigen Dutzendstücken (Meisls, Gleichs, Bäuerles) und den
anspruchsvolleren, eher sperrigen Stücken Raimunds. Daher,
vergleicht man die einen mit den andern und verrechnet
man ihre Unterschiede mit jenen zwiespältigen gesellschaftlichen Erfahrungen der Zeitgenossen, dann ergeben sich auch
daraus Anhaltspunkte über Bedingungen, Maßnahmen und
Wirkungen von Publikumsdramaturgie. [...]

Das Publikum der Vorstadtbühnen unterschied sich in seiner
sozialen Zusammensetzung wie in seinem Verhalten wesentlich von dem der höfischen Theater. Ein Stimmungsbericht
der ›Zeitung für die elegante Welt‹ von 1804 beschreibt:
›... hier das Parterre von wohlgenährten fröhlichen Bürgern, die Logen von Personen höheren Ranges (besetzt),
die Galerie von arbeitsmüden Menschen der untersten Klassen gefüllt ...‹ Den Hauptanteil stellten Handwerker,
kleine Kaufleute, untere Beamte, Arbeiter und Angestellte
der verschiedensten Berufszweige. Dieses kunterbunte, im
großen ganzen kleinbürgerliche Publikum war äußerst
theaterverständig. Man ging nicht nur gern und viel ins
Theater, man praktizierte es auch in zahlreichen Amateur-
theatergrüppchen, privaten Zirkeln der verschiedensten sozialen Klassen und Berufsgruppen, die den Feierabend be-
nutzten, um Komödie zu spielen. ›Das Theater wird in Wien
zu einer – von den Sittenpredigern oft gerügten – Leidenschaft. Nicht nur Studenten, junge Beamte, sorglos gestellte
Bürgersöhne spielten, sondern auch Handwerker, Köchinnen,
Dienstboten‹ (O. Rommel: Die Alt-Wiener Volkskomödie.
Wien 1952. S. 614). Ein derart geübtes Publikum hatte recht
genaue, wenn auch dilettantische Vorstellungen von dem,
was und wie auf der Bühne zu agieren sei. Es brachte Maßstäbe und Wünsche ins Theater mit, die von den Vorstadtbühnen, in Spielplan und Stil, zu beherzigen waren.«

Klotz: Dramaturgie des Publikums. München:
Hanser, 1976. S. 26 und 32 f.

V. Literaturhinweise

1. Ausgaben

Sämtliche Werke. Historisch-kritische Gesamtausgabe. Hrsg. von Fritz Brukner und Otto Rommel. 15 Bde. Wien 1924–30. [Zitiert als: SW.]

Gesammelte Werke. Hrsg. von Otto Rommel. 6 Bde. Wien 1948/49 (Nachdrucke: 1962 und 1968). [Zitiert als: GW.]

Werke. Ausgew. und mit einem Nachw. vers. von Oskar Maurus Fontana. München 1962.

Ausgewählte Werke. Hrsg. von Hans Weigel. Gütersloh 1962.

Werke. Ausgew. und eingel. von Paul Reimann. 2 Bde. Berlin/Weimar ²1966.

Werke. Hrsg. von Franz H. Mautner. 3 Bde. Frankfurt a. M. 1970.

Der böse Geist Lumpazivagabundus oder Das liederliche Kleeblatt. Zauberposse mit Gesang in drei Aufzügen. Wien: Wallishausser, 1835 [Erstdruck], ²1838.

Der böse Geist Lumpazivagabundus oder Das liederliche Kleeblatt. Zauberposse mit Gesang in drei Akten. Nachw. von Wilhelm Zentner. Stuttgart o. J. (Reclams Universal-Bibliothek. 3025.)

Gesammelte Briefe (1831–1862) und Revolutionsdokumente (Nestroy und seine Bühne im Jahre 1848). Hrsg. von Fritz Brukner. Wien 1938.

Briefe. Hrsg. von Walter Obermaier. Wien/München 1977. (Sämtliche Werke. Historisch-kritische Ausgabe. Hrsg. von Jürgen Hein und Johann Hüttner.)

2. Forschungsberichte

Mendel, Rüdiger: Die Entwicklung des Nestroybildes. Diss. Graz 1965 [Masch.].

Hein, Jürgen: Nestroyforschung (1901–1966). In: Wirkendes Wort 18 (1968) S. 232–245.

Fiedler, Leonhard M.: Nestroy analysé, présenté et traduit. In: Etudes Germaniques 25 (1970) S. 69–74.

Preisner, Rio: Der konservative Nestroy: Aspekte der zukünftigen Forschung. In: Maske und Kothurn 18 (1972) S. 23–37. (Wiederabgedruckt in: R. P.: Aspekte einer provokativen tschechischen Germanistik. T. 1: Kafka – Nestroy. Würzburg 1977.)

Hein, Jürgen: Neuere Nestroyforschung (1967–1973). In: Wirkendes Wort 25 (1975) S. 140–151.

3. Gesamtdarstellungen

Necker, Moritz: Johann Nestroy. Eine biographisch-kritische Skizze. In: Vincenz Chiavacci / Ludwig Ganghofer (Hrsg.): Johann Nestroy. Gesammelte Werke. Bd. 12. Stuttgart 1891. S. 94–218. [Zitiert als: Necker.]

Sittenberger, Hans: Johann Nestroy. In: Jahrbuch der Grillparzer-Gesellschaft 11 (1901) S. 125–164.

Kraus, Karl: Nestroy und die Nachwelt. Zum 50. Todestage. In: Die Fackel Nr. 349/350 (1912) S. 1–23.

Rommel, Otto: Johann Nestroy. Ein Beitrag zur Geschichte der Wiener Volkskomik. In: SW XV,5–357.

Forst de Battaglia, Otto: Johann Nestroy. Abschätzer des Menschen. Magier des Wortes. Leipzig 1932.

Fleischmann, Benno: Johann Nestroy und sein wienerisches Welttheater. In: Monatsschrift für Kultur und Politik 1 (1936) S. 523–536.

Mautner, Franz Heinrich: Johann Nestroy und seine Kunst. Wien [1937].

Sprengler, Joseph: Nestroy: Geist und Stil. In: Hochland 37 (1939/40) S. 222–231.

Rommel, Otto: Johann Nestroy. Der Satiriker auf der Altwiener Komödienbühne. In: GW I,5–194.

Fischer, Ernst: Johann Nestroy. In: E. F.: Von Grillparzer zu Kafka. Wien 1962. S. 125–207. (Auch: Frankfurt a. M. 1975. S. 145–242.)

Forst de Battaglia, Otto: Johann Nestroy. München 1962.

Basil, Otto: Johann Nestroy. Reinbek 1967. (Rowohlts Monographien. 132.)

Weigel, Hans: Nestroy. Velber 1967. (Friedrichs Dramatiker des Welttheaters. 27.) (²1972.)

Preisner, Rio: Johann Nepomuk Nestroy. Der Schöpfer der tragischen Posse. München 1968.

Bauer, Roger: Johann Nepomuk Nestroy. In: Deutsche Dichter des 19. Jahrhunderts. Hrsg. von Benno von Wiese. Berlin 1969. S. 326 bis 341. (²1979.)

Preisendanz, Wolfgang: Nestroys komisches Theater. In: Das deutsche Lustspiel II. Hrsg. von Hans Steffen. Göttingen 1969. S. 7–24.

Seidmann, Gertrud: Johann Nestroy. In: German men of letters. Bd. 5. London 1969. S. 275–299.

Kahl, Kurt: Johann Nestroy oder Der wienerische Shakespeare. Wien/München/Zürich 1970.

Mautner, Franz H.: Nestroy. Heidelberg 1974. (Poesie und Wissenschaft. 3.) (Auch: Frankfurt a. M. 1978.)

Schwarz, Heinrich: Johann Nestroy im Bild. Eine Ikonographie, bearb. und hrsg. von Johann Hüttner und Otto G. Schindler. Wien/München 1977.

Hannemann, Bruno: Verkehrtes Welttheater und verflixter Kerl. Zu Johann Nestroys nihilistischer Komödie. Bonn 1977. (Abhandlungen zur Kunst-, Musik- und Literaturwissenschaft. 215.)

4. »Lumpazivagabundus«

Glossy, Karl: Nestroys ›Lumpazivagabundus‹ auf dem Theater. In: Wiener Studien und Dokumente. Wien 1933. S. 137–139.

Sturm, Günter: Johann Nestroy. Lumpazivagabundus oder Das liederliche Kleeblatt. In: Europäische Komödien, hrsg. von Kurt Bräutigam. Frankfurt a. M. 1964. S. 32–63.

Stieglitz, Olga: Syntaktische Untersuchungen der Sprache Johann Nestroys. Am Beispiel seiner Zauberposse ›Der böse Geist Lumpazivagabundus‹. Wien 1974. (Dissertationen der Universität Wien. 108.)

5. Einzelfragen zu Nestroys Werk

Zeidler, Jakob: Die Grundlagen von Johann Nestroys literarischer Eigenart und Weltanschauung. In: Die Kultur 8 (1907) S. 433–448.

Langer, Leo: Nestroy als Satiriker. Jahresbericht des k. k. Maximilians-Gymnasiums. Wien 1908.

Bührmann, Max: Johann Nepomuk Nestroys Parodien. Diss. Kiel 1933.

Seidl, Karl: Die Sprache Nestroys. Diss. Wien 1933 [Masch.].

Koch, Walter: Johann Nestroy als Schauspieler. Diss. Innsbruck 1934 [Masch.].

Bauer, Anton: Die Musik Adolph Müllers zu den Theaterstücken Johann Nestroys. Ein Beitrag zur Musikgeschichte des volkstümlichen Theaters in Wien. Diss. Wien 1935 [Masch.].

Hämmerle, Alphons: Komik, Satire und Humor bei Nestroy. Diss. Freiburg (Schweiz) 1947.

Bujak, Liselotte: Nestroys Beziehungen zum Biedermeier. Diss. Wien 1948 [Masch.].

Marinovic, Walter: Der Witz bei Nestroy. Diss. Wien 1951 [Masch.].

Olles, Helmut: Zerrissenheit bei Raimund und Nestroy. Diss. Frankfurt a. M. 1954 [Masch.].

Gengnagel, Dagmar: Zur sprachlichen Gestaltung der Possen Nestroys. In: Wissenschaftliche Zeitschrift der Schiller-Universität Jena. Gesellschafts- und sprachwissenschaftliche Reihe (1962) H. 1. S. 119–130.

Weigel, Hans: Johann Nestroy oder Die Flucht in die Vorstadt. In: H. W.: Flucht vor der Größe. Beiträge zur Erkenntnis und Selbsterkenntnis Österreichs. Wien 1962. S. 73–100. (²1970.)

Kindermann, Heinz: Nestroy – Revolutionär und Bürger. In: Maske und Kothurn 9 (1963) S. 132–152.

Hüttner, Johann: Wiener Nestroyaufführungen vom Tode des Autors bis zum Ende des zweiten Weltkriegs. Diss. Wien 1964 [Masch.].

Kuhn, Christoph: Witz und Weltanschauung in Nestroys Auftrittsmonologen. Diss. Zürich 1966.

Yates, W. E.: Convention and Antithesis in Nestroy's Possen. In: Modern Language Revue 61 (1966) S. 225–237.

Brill, Siegfried: Die Komödie der Sprache. Untersuchungen zum Werke Johann Nestroys. Nürnberg 1967. (Erlanger Beiträge. 28.)

Gladt, Karl: Die Handschriften Johann Nestroys. Graz/Wien/Köln 1967.

Hillach, Ansgar: Die Dramatisierung des komischen Dialogs. Figur und Rolle bei Nestroy. München 1967.

Kreissler, Felix: Das Französische bei Raimund und Nestroy. Wien 1967.

Boege, Günther: Nestroy als Bearbeiter. Studien zu ›Die verhängnisvolle Faschingsnacht‹, ›Der Unbedeutende‹ und ›Judith und Holofernes‹. Diss. Frankfurt a. M. 1968.

Roth, Klaus: Nestroys dramatische Technik. Diss. FU Berlin 1968.

Nestroy-Inszenierung in unserer Zeit. In: Neue Zürcher Zeitung Nr. 473 (4. 8. 1968) S. 51 f.

Diehl, Siegfried: Zauberei und Satire im Frühwerk Nestroys. Bad Homburg / Berlin / Zürich 1969. (Frankfurter Beiträge. 9.) [Zitiert als: Diehl.]

Boeckmann, Klaus: Untersuchungen zu den Elementen des Komischen im Werk Nestroys. Ein Beitrag zur Phänomenologie der literarischen Komik und zur Poetik der Komödie. Diss. Hamburg 1970.

Hein, Jürgen: Spiel und Satire in der Komödie Johann Nestroys. Bad Homburg / Berlin / Zürich 1970. (Ars Poetica. 11.)

Fülleborn, Ulrich: Offenes Geschehen in geschlossener Form. Grillparzers Dramenkonzept. Mit einem Ausblick auf Raimund und Nestroy. In: Deutsche Dramentheorien. Hrsg. von Reinhold Grimm. Frankfurt a. M. 1971. Bd. 2. S. 293–322.

Destro, Alberto: L'intelligenza come struttura drammatica. Saggio su Johann Nestroy. Napoli 1972. (AION. Quaderni degli annali, Sezione germanica. 6.)

Yates, W. E.: Nestroy. Satire and parody in viennese popular comedy. Cambridge 1972.

Harding, Laurence V.: The dramatic art of Ferdinand Raimund and Johann Nestroy. A critical study. The Hague / Paris 1974.

Hannemann, Bruno: Der böse Blick. Zur Perspektive von Nestroys und Dürrenmatts Komödie. In: Wirkendes Wort 26 (1976) S. 167 bis 183.

Hein, Jürgen: Die Bedeutung der Couplets in den Possen Johann Nestroys. In: Neue Zürcher Zeitung Nr. 285 (4./5. 12. 1976) S. 67 f.

Berghaus, Günter: J. N. Nestroys Revolutionspossen im Rahmen des Gesamtwerks. Ein Beitrag zur Bestimmung von Nestroys Weltanschauung auf dem Hintergrund der österreichischen Sozialgeschichte des Vormärz. Diss. FU Berlin 1977.

Slobodkin, G. S.: Nestroy und die Tradition des Volkstheaters im Schaffen Brechts. In: Weimarer Beiträge 24 (1978) H. 9. S. 99–117.

Hein, Jürgen: Possen- und Volksstück-Dramaturgie im Vormärz-Volkstheater. Zu Johann Nestroys ›Zu ebener Erde und erster Stock‹ und ›Der Unbedeutende‹. In: Der Deutschunterricht 31 (1979) H. 2. S. 122 bis 137.

6. Zur Wirkungsgeschichte Nestroys

Reichert, Herbert W.: Some Causes of the Nestroy Renaissance in Vienna. In: Monatshefte für den deutschen Unterricht 47 (1955) S. 221–230.

Straubinger, O. Paul: The Reception of Raimund and Nestroy in England and America. In: Österreich und die Angelsächsische Welt. Hrsg. von Otto Hietsch. Wien/Stuttgart 1961. S. 481–494.

Fontana, Oskar Maurus: Die Wiener Grillparzer-, Raimund- und Nestroy-Neuaufführungen seit 1945. In: Maske und Kothurn 8 (1962) S. 132–141.

Mautner, Franz Heinrich: Nestroys Kunst und unsere Zeit. In: Jahrbuch der Deutschen Schillergesellschaft 7 (1963) S. 383–415.

Eder, Alois: ›Die geistige Kraft der Gemeinheit‹. Zur Sozialgeschichte der Rezeption Nestroys. In: Theater und Gesellschaft. Das Volksstück im 19. und 20. Jahrhundert. Hrsg. von Jürgen Hein. Düsseldorf 1973. S. 133–153.

Mühlher, Robert: Johann Nestroy im Lichte der Kritik. In: R. M.: Österreichische Dichter seit Grillparzer. Wien 1973. S. 130–155.

Hein, Jürgen: Nestroys Wirkung in der Literatur. In: Neue Zürcher Zeitung Nr. 254 (1./2. 11. 1975) S. 51 f.

Hüttner, Johann: Nestroy ohne Nestroy auf dem Theater. In: Neue Zürcher Zeitung Nr. 254 (1./2. 11. 1975) S. 51.

Bauer, Roger: Nestroy und Frankreich. In: Neue Zürcher Zeitung Nr. 285 (4./5. 12. 1976) S. 67.

Schneider, Rolf: Nestroy in der DDR. In: Literatur und Kritik 11 (1976) S. 599–608.

Vgl. auch Mendel, 1965 (s. u. 2) und Hüttner, 1965 (s. u. 5).

7. Zur Epoche und zum »Wiener Volkstheater«

Kaiser, Friedrich: Unter fünfzehn Theaterdirektoren. Bunte Bilder aus der Wiener Bühnenwelt. Wien 1870.

Schlögl, Friedrich: Vom Wiener Volkstheater. Erinnerungen und Aufzeichnungen. Wien/Teschen [1883].

Enzinger, Moriz: Die Entwicklung des Wiener Theaters vom 16. zum 19. Jahrhundert (Stoffe und Motive). Berlin 1918/19. (Schriften der Gesellschaft für Theatergeschichte. 28/29.) [Zitiert als: Enzinger.]

Blümml, Emil Karl / Gugitz, Gustav: Alt-Wiener Thespiskarren. Die Frühzeit der Wiener Vorstadtbühnen. Wien 1925.

Bietak, Wilhelm: Das Lebensgefühl des ›Biedermeier‹ in der österreichischen Dichtung. Wien/Leipzig 1931.

Rehm, Harald: Die Entstehung des Wiener Volkstheaters im Anfang des 18. Jahrhunderts. Diss. München 1936.

Denewa, Wena St.: Das österreichische Märchendrama in der Biedermeierzeit. Diss. München 1940. (Theater und Drama. 15. Berlin 1940.)

Rommel, Otto: Die Alt-Wiener Volkskomödie. Ihre Geschichte vom barocken Welt-Theater bis zum Tode Nestroys. Wien 1952.

Greiner, Martin: Zwischen Biedermeier und Bourgeoisie. Ein Kapitel deutscher Literaturgeschichte. Göttingen 1953 (auch: Leipzig 1953).

Höllerer, Walter: Zwischen Klassik und Moderne. Lachen und Weinen in der Dichtung einer Übergangszeit. Stuttgart 1958.

Behrens, Ernst: Mimische Grundformen im Wiener Volkstheater. Diss. Wien 1961 [Masch.]. (Teilabdruck in: Jahrbuch der Gesellschaft für Wiener Theaterforschung, 1963, S. 3–116.)

Bauer, Roger: La réalité, royaume de Dieu. Etudes sur l'originalité du théâtre viennois dans la première moitié du 19ème siècle. München 1965.

Dietze, Walter: Tradition und Ursprünglichkeit in den ›Besserungsstücken‹ des Wiener Volkstheaters. In: Weimarer Beiträge 12 (1966) S. 566–572.

Magris, Claudio: Der habsburgische Mythos in der österreichischen Literatur. Salzburg 1966.

Gromes, Hartwin: Vom Alt-Wiener Volksstück zur Wiener Operette. Diss. München 1967.

Sengle, Friedrich: Biedermeierzeit. Deutsche Literatur im Spannungsfeld zwischen Restauration und Revolution 1815–1848. 2 Bde. Stuttgart 1971/72.

Hüttner, Johann: Literarische Parodie und Wiener Vorstadtpublikum vor Nestroy. In: Maske und Kothurn 18 (1972) S. 99–139.

Denkler, Horst: Restauration und Revolution. Politische Tendenzen im deutschen Drama zwischen Wiener Kongreß und Märzrevolution. München 1973.

Hein, Jürgen (Hrsg.): Theater und Gesellschaft. Das Volksstück im 19. und 20. Jahrhundert. Düsseldorf 1973. (Literatur in der Gesellschaft. 12.)

Traitler, Reinhild-Ursula: Antike Mythologie und antiker Mimus im Wiener Volkstheater von Stranitzky bis Raimund. Wien 1973 (Dissertation der Universität Wien. 78.)

Urbach, Reinhard: Die Wiener Komödie und ihr Publikum. Stranitzky und die Folgen. Wien/München 1973.

May, Erich Joachim: Wiener Volkskomödie und Vormärz. Berlin 1975.

Klotz, Volker: Wiener Vorstadttheater. In: V. K.: Dramaturgie des Publikums. München 1976. S. 27–88.

Bauer, Roger: Laßt sie koaxen, die kritischen Frösch' in Preußen und Sachsen. Zwei Jahrhunderte Literatur in Österreich. Wien 1977.

Hüttner, Johann: Johann Nestroy im Theaterbetrieb seiner Zeit. In: Maske und Kothurn 23 (1977) S. 233–243.

Hein, Jürgen: Das Wiener Volkstheater. Raimund und Nestroy. Darmstadt 1978. (Erträge der Forschung. 100.)

Klotz, Volker: Enge und Weite der Lokalposse. In: Sprache im technischen Zeitalter (1979) H. 69. S. 78–90.

Der Verlag Philipp Reclam jun. Stuttgart dankt für die Nachdruck-genehmigung den Rechteinhabern, die durch den Quellennachweis oder einen folgenden Copyrightvermerk bezeichnet sind. Für einige Autoren waren die Rechtsnachfolger nicht festzustellen. Hier ist der Verlag bereit, nach Anforderung rechtmäßige Ansprüche abzugelten.

Erläuterungen und Dokumente

Philipp Reclam jun. Stuttgart